À plus!

1

Méthode intensive

Carnet d'activités

Cornelsen

À plus! 1 Méthode intensive mit CD-ROM
Carnet d'activités

im Auftrag des Verlages erarbeitet von
Catherine Jorißen

und der Redaktion Französisch
Dr. Yvonne Petter (Projektleitung), Lucie Drevon

Lay-out: Regelindis Westphal
Satz: Satzinform, Berlin
Umschlaggestaltung: Klein & Halm Grafikdesign, Berlin
Illustrationen: Laurent Lalo
Umschlagfoto: © Schapowalow/SIME

CD-ROM
Autorin: Michèle Héloury
Redaktion: Steffi Weinert
Redaktionelle Mitarbeit: Carola David, Christoph Haschka
Projektkoordination: Nikola Ulrich
Koordination Gestaltung: Marlene Böhmann

Systemvoraussetzungen:
Pentium 350 MHz oder höher
Windows® 2000 + Service Pack 4 / Windows® XP / Windows® Vista
16-Bit-Soundkarte
8 x CD-ROM Laufwerk
Bildschirmauflösung 800 x 600, High Color
128 MB RAM
Freier Festplattenspeicher bei vollständiger Installation: ca. 360 MB
Microsoft-kompatible Maus

Bildquellen
Corbis / People Avenue: © Cardinale, S. 3 (le concert); Corbis: © Selva, S. 3 (la banque) – © Cornelsen, Corel Library, S. 3 (la statue), S. 3 (le stade); Drevon, S. 81 (rechts); Schulz, S. 16 (5), S. 17, S. 31, S. 80; Cornelsen/IPS, S. 16 (1), S. 16 (2), S. 16 (3), S. 16 (4), S. 16 (6), S. 27, S. 43 – © Fabrice Favé. http://perso.wanadoo.fr/ffave/, S. 3 (le parfum) – © Images de France, édition 2003, S. 81 (links) – © Office de Tourisme – Bretagne, S.87 (Mitte unten u. Mitte rechts) – © Office de Tourisme – Lyon, S. 87 (oben) – Sipa Press: © Nivière, S. 78 (oben); © Sipa Press/Retro, S. 78 (unten).

www.cornelsen.de

1. Auflage, 3. Druck 2012

Alle Drucke dieser Ausgabe sind inhaltlich unverändert
und können im Unterricht nebeneinander verwendet werden.

Druck: Stürtz GmbH, Würzburg

ISBN 978-3-06-020329-1

Inhalt gedruckt auf säurefreiem Papier aus nachhaltiger Forstwirtschaft.

Approches

1 *Paris, c'est … Fais les mots-croisés.* Löse das Kreuzworträtsel. (→ Texte, p. 10–11)

Paris, …
… c'est le [1], le [3].
… c'est la [2].
… c'est la [4].
… ce sont les [5] de la Défense.
… ce sont les [6].
… c'est la [8] Notre-Dame, ce sont les [9].
… c'est la [7], mais ce sont aussi les [11].
… c'est tout, c'est le [10].
… ce sont les [12] de Montmartre.
… c'est la [13] Eiffel.

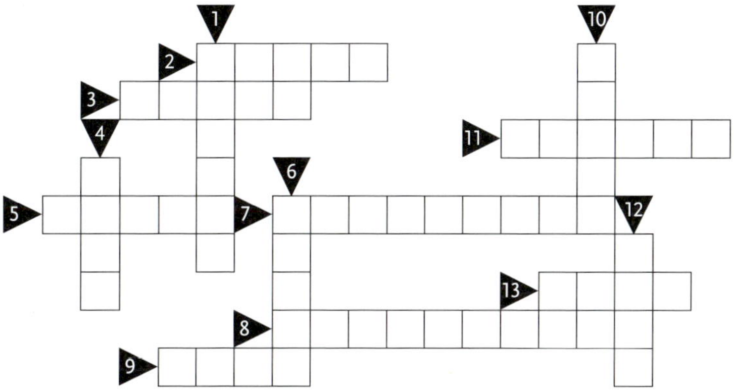

2 *Singulier ou pluriel? Écris la forme qui manque.* Singular oder Plural? Schreibe die fehlende Form.

1. les jardins ____________
2. la tour ____________
3. le parc ____________
4. les cathédrales ____________
5. les rues ____________
6. la place ____________
7. les manifs ____________
8. les îles ____________

3 *Qu'est-ce que c'est en allemand, anglais, espagnol, latin etc. … Fais un tableau dans ton cahier.* Wie lauten die entsprechenden Wörter im Deutschen, in Englisch, in Spanisch, ggf. in anderen Sprachen? Erstelle eine Tabelle in deinem Heft. (→ Méthodes, p. 150/1)

SÉQUENCE 1

1 *Coche la bonne case.* Kreuze das richtige Kästchen an.
(→ Texte, p. 13–14)

	vrai[1]	*faux*[2]	?
1. Ce sont encore les vacances.	☐	☐	☐
2. Chaipas est le chien de Jérémie.	☐	☐	☐
3. Jérémie habite à Courbevoie.	☐	☐	☐
4. Lila photographie Jérémie.	☐	☐	☐
5. Pour Yasmina, Jérémie est sympa.	☐	☐	☐
6. Camille et David habitent en[3] Bretagne.	☐	☐	☐

1 **vrai** richtig
2 **faux** falsch
3 **en** in

2 **a** *Complète les phrases par des prépositions.* Vervollständige die Sätze mit Präpositionen.

à *(2 x)*
avec
dans
de *(2 x)*
en
jusqu'à

1. Yasmina est _____________ vacances. Elle habite ici, _____________ Courbevoie.
2. Jérémie est _____________ Luxembourg, mais il habite _____________ la Défense.
3. Camille et David sont _____________ le train, ils arrivent _____________ Bretagne.
4. Le chien _____________ le garçon, c'est Chaipas.
5. Ils sont en vacances _____________ demain.

b *À toi. Forme des phrases avec chaque préposition de* **a** . Bilde Sätze mit jeder Präposition von **a** .

____
____
____
____
____
____
____
____

3 **a** *Trouve les formes du verbe* être *et les pronoms, et retrouve le message.* Finde die Formen von „être" und die Pronomen. Die übrigen Buchstaben ergeben eine versteckte Botschaft.
(→ Les verbes, p. 163)

J	E	S	O	M	M	E	S	Y	A	S
Ê	T	E	S	M	I	T	U	E	S	T
S	O	N	T	N	A	I	L	S	H	A
E	L	L	E	B	I	T	I	L	E	À
E	S	C	O	N	O	U	S	U	R	B
V	O	U	S	E	S	U	I	S	O	N
V	E	L	L	E	S	O	I	E	•	•

____
____
____

b *Écris au moins quatre phrases avec les formes du verbe* être *dans ton cahier.* Schreibe mindestens vier Sätze mit den Formen von „être" in dein Heft.

4 *Forme des phrases à l'aide des dessins. Écris dans ton cahier.* Bilde Sätze mit Hilfe der Zeichnungen. Schreibe in dein Heft. (→ Les verbes, p. 163)

1. *habiter – parler*

2. *parler*

3. *être – photographier*

4. *arriver*

5. *regarder*

6. *être*

5 *Tu es à Paris et tu parles avec un garçon. Écris le dialogue dans ton cahier.* Schreibe den Dialog in dein Heft. (→ Méthodes, p. 155/2)

1. Der Junge begrüßt dich, sagt dir, wie er heißt, und fragt dich, wie du heißt.
2. Du grüßt zurück und sagst ihm deinen Namen.
3. Der Junge fragt dich, ob du in Paris wohnst.
4. Du verneinst und erklärst, dass du hier Ferien machst.
5. Du sagst, wo du wohnst, und fragst ihn, wo er wohnt.
6. Er wohnt in Paris.
7. Du fragst ihn, ob er auch Ferien hat.
8. Der Junge antwortet, dass er noch bis morgen Ferien hat.

6 2 *Écoute les mots puis écris-les dans la bonne colonne.* Höre dir die Wörter an und schreibe sie in die richtige Spalte. (→ Méthodes, p. 153/2)

[ɑ̃]	[ɔ̃]	[ɛ̃]

1 *Complète le texte.* Vervollständige den Text. (→ Texte, p. 17)

Jérémie Gloesener habite ________________ . C'est ________________ .

Il prépare ses ________________ . Il a tout, mais il a aussi ________________ .

Monsieur Diouf, ________________ , est devant la tour. Le chien de Jérémie est là-haut,

________________ .

Jérémie arrive à ________________ . Il ________________ sa classe:

il est ________________ . La surveillante aussi est ________________ .

Il regarde deux ________________ . Ce sont ________________ .

2 *Retrouve les mots, range-les dans la bonne colonne et ajoute l'article défini.* Finde die Wörter, ordne sie in die richtige Spalte ein und füge den bestimmten Artikel hinzu. (→ Repères, p. 25/2)

ersvli sçgonra nihecs éeèlv éocels gèleclo onm crta

crhiaes lifle estev ssrveultalnie cas secalss rerétne

singulier		pluriel	
masculin	féminin	masculin	féminin
________	________	________	________
________	________	________	________
________	________	________	________
________	________	________	________
________	________	________	________

3 *Complète l'associogramme.* Vervollständige das Vokabelnetz. (→ Texte, p. 17; Méthodes, p. 152/4)

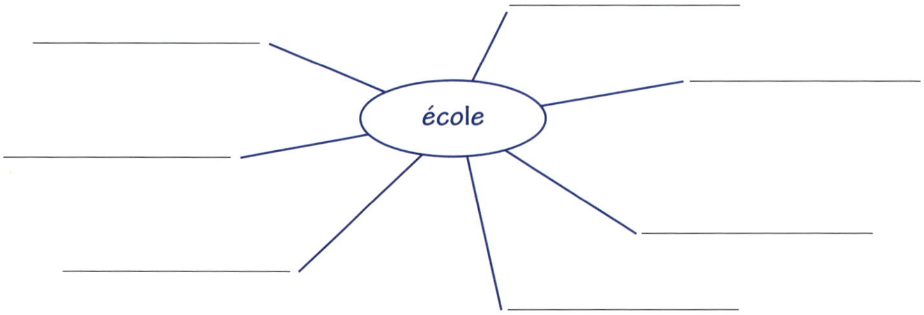

4 *Trouve les formes des verbes* être *et* avoir *et complète les phrases avec chaque forme.* Suche die Formen der Verben être und avoir und ergänze die Sätze mit jeder Form. (→ Les verbes, p. 163)

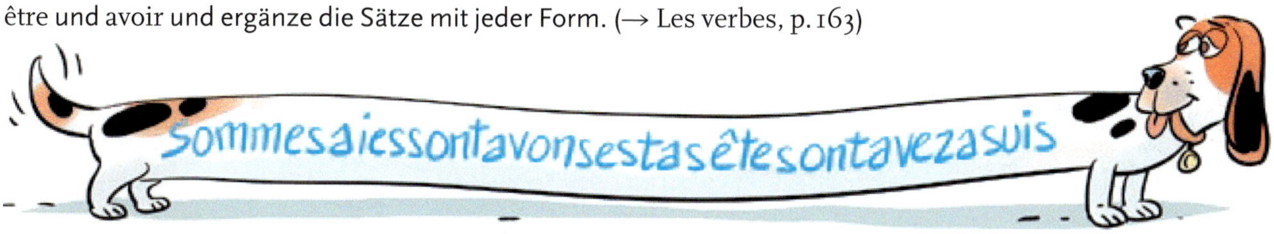

1. Nous ____________ de Luxembourg, mais nous habitons à Paris.
2. Regarde, ils ____________ ton livre!
3. J'____________ mon livre d'allemand.
4. Nous ____________ une fille et un garçon.
5. Tu ____________ dans ma classe?
6. Tu ____________ tes affaires?
7. Vous ____________ nouvelle, Madame?
8. Les élèves de ma classe ____________ sympa.
9. Vous ____________ deux chiens?
10. C'____________ la rentrée: Jérémie ____________ le trac.
11. Bonjour, Monsieur, je ____________ nouvelle à La Défense et je cherche le collège Georges Pompidou.

5 Son, sa, ses? *Traduis.* Übersetze. (→ Repères, p. 26/4)

1. Frau Gloesener photographiert ihre Tochter.

____

____

2. Herr Gloesener spricht mit dem Hausmeister seines Wohnhauses.

____

____

____

3. Lou packt ihre Tasche.

____

____

4. Jérémie schaut seine Fotos an.

____

____

5. Herr Gloesener steht auf seinem Balkon.

____

____

6. Herr Gloesener spricht mit seiner Tochter.

____

____

7. Lou sucht ihre Bücher und ihre Hefte.

____

____

6 *Complète par* ta, ton *ou* tes. Vervollständige die Fragen und finde die Antworten. (→ Repères, p. 26/4)

1. – «Gloesener», c'est ___ton___ nom?
   – Oui, c'est ___mon nom___.
2. – C'est ________ sac, là-bas?
   – Oui, ________________.
3. – ________ collège, c'est «François Mitterrand»?
   – Non, ________________.
4. – C'est ________ veste, là-bas?
   – Oui, ________________.
5. – Ce sont ________ livres dans le sac?
   – Oui, ________________.
6. – Tu as ________ affaires?
   – Mais oui, ________________.

La France en direct

7 *Voilà un billet*[1] *de train. Réponds aux questions.* Beantworte die Fragen. (→ Méthodes, p. 154/3)

SNCF BILLET
A composter avant l'accès au train
SENS → PARIS GARE DE LYON
01 ADULTE
UTILISABLE DU 04/07 AU 02/09/2007
Départ SENS
Arrivée PARIS GARE DE LYON
Classe 2
MONTEREAU
PLEIN TARIF
Départ ***
Arrivée
Classe *
Prix par voyageur : 13,87
PC 0 KM0113
0089 0088
B
08705722183445
:DT 000112034
:CA SENS
:5001FE Dossier
Prix EUR **13,87
040701 12H16
Page 1/1
98001

[1] **le billet** die Fahrkarte

1. Wie viel kostet das Ticket?

   ____

2. Von wann bis wann ist das Ticket gültig?

   ____

3. Wo kommt die Person her, wo fährt sie hin?

   ____

4. Wie sagt man „Abfahrt“ und „Ankunft“ auf Französisch?

   ____

5. Schau dir die Fahrkarte nochmal an. Notiere alle weiteren Wörter, die du verstanden hast.

   ____

   ____

SÉQUENCE 3

1 *Réponds.* Qu'est-ce qu'il y a – dans un collège?
– dans un CDI?

1. Dans un collège, il y a ______

______

______

2. Dans un CDI, il y a ______

______

______

2 *Décris les dessins. Utilise* un, une, des. Beschreibe die Bilder. (→ Repères, p. 26/3)

1

2

3

4

5

6

1. Dans la rue, il y a une fille avec un chien. ______
2. Dans la rue, ______
3. Dans le parc, ______
4. ______
5. ______
6. ______

3 **a** *Trouve les intrus.* Suche die Wörter, die nicht passen.

b *Prépare un intrus pour tes camarades*[1].

1. la cantine – le surveillant – la classe – le CDI
2. l'exposé – le DVD – la revue – le livre
3. le professeur – les élèves – le surveillant – la classe
4. le CDI – le documentaliste – le livre – le professeur

1 **le camarade** der Mitschüler

4 **a** *Trouve les questions.* Lies die Antworten und schreibe die Fragen auf. (→ Repères, p. 25/1, 26/7)

1. ______________________________
Madame Dulac, c'est la documentaliste.

2. ______________________________
Il y a des classes, un CDI et une cantine.

3. ______________________________
Il y a aussi des professeurs, des élèves et des surveillants.

4. ______________________________
C'est la bibliothèque d'un collège.

5. ______________________________
Il y a des livres, des films, des revues...

6. ______________________________
C'est une élève de la quatrième C.

b *À toi. Écris quatre réponses comme en* **a** *pour ton voisin / ta voisine. Il/elle écrit les questions.* Du bist dran. Schreibe vier Antworten wie in **a** für deinen Nachbarn / deine Nachbarin auf. Er/Sie schreibt die Fragen auf.

5 *Choisis le bon verbe et note la phrase dans ton cahier.* Such das passende Verb und schreibe die Sätze in dein Heft.

1. Mathieu *(préparer/être/travailler)* son sac.
2. Fabrice et Céline *(chercher/habiter/avoir)* à Paris.
3. Vous *(préparer/emprunter/passer)* des livres?
4. Je *(travailler/chercher/passer devant)* le collège.
5. Tu *(emprunter/regarder/préparer)* des photos?
6. Nous *(chercher/travailler/préparer)* le livre d'anglais.
7. Madame Robert *(emprunter/préparer/travailler)* à Courbevoie.

6 **a** *Trouve le code et écris les nombres.* (→ Les nombres, p. 161) Finde den Code heraus und schreibe die Zahlen auf.

■ = ______ ◆ = ______ ● = ______ ● = ______ ● = ______

h■◆t – c◆nq – ■n – d◆x – q■●tr● – s◆x – tr●◆s – s●pt – n●■f – d●■x

____

____

b *Écris les numéros des pages de ton carnet jusqu'à 10.* Schreibe die Seitenzahlen deines Arbeitsheftes bis 10 aus.

7 **a** *Les signes en français.* Schlage in der Wortliste nach und schreibe zwei Wörter auf, die jeweils mit einem der folgenden Zeichen geschrieben werden.

une cédille

____

____

un accent grave

____

____

une apostrophe

____

____

un accent aigu

____

____

un accent circonflexe

____

____

b *Ajoute les signes.* Füge die Zeichen hinzu.

1. Jeremie est en quatrieme.
2. Ca, c est son college.
3. J emprunte cinq livres.
4. Je suis desolee, mais deux livres, c'est le maximum.
5. La fille, la-bas, c est Yasmina.
6. Elle est tres sympa.

8

Fais l'exercice auditif de la page 96.

9 *Écris un dialogue d'après les dessins dans ton cahier.* Schreibe einen Dialog, der zu den Zeichnungen passt, in dein Heft. (→ Repères, p. 25/1) *Utilise:*

bonjour livres revues

nouvelle adresse *habiter* *être*

ça va désolée nom classe

1

2

3

10 **a** *Complète.*

infinitif	regard______
je, il/elle/on	cherch______
tu	arriv______
nous	prépar______
vous	parl______
ils/elles	pass______

b *Complète les phrases. Utilise les verbes de* **a** .

1. La prof ______ avec les élèves.
2. On ______ les photos de mes vacances?
3. Tu ______ le CDI? Tu ______ devant la cantine et c'est là-bas.
4. Les élèves ______ un exposé.
5. Nous ______ à l'école.

11 **Wie du etwas im Buch nachschlagen kannst**

1. Finde heraus, wie die Laute [y] und [u] ausgesprochen werden. Wo hast du die Lösung gefunden?

   Seite ______

2. Zu Hause bereitest du eine Übung vor, bist aber nicht sicher, ob du die Arbeitsanweisung verstanden hast. Wo schlägst du nach, um das herauszufinden?

   Im ______

3. Du weißt nicht mehr, wie das Verb „être" konjugiert wird. Wo findest du das Konjugationsschema?

   Seite ______

4. Wo findest du Auskünfte über französische Orte und Personen?

   ______

5. Wer war Georges Pompidou?

   ______

   ______

6. Wo findest du Beispielsätze mit den neuen Vokabeln?

   ______

7. Finde heraus, was das Wort „maison" bedeutet, und gib an, ob es männlich oder weiblich ist.

   ______

8. Schlage nach, was „Eltern" auf Französisch bedeutet. Wo hast du die Lösung gefunden?

   ______

12 4 *Écoute le texte et marque les liaisons comme dans l'exemple.* Höre dir den Text an, und zeichne die Liaison-Bögen wie im Beispielsatz. (→ Méthodes, p. 153/2)

C'est la rentrée pour Lou et Jérémie: Ils_ont le trac.

M. Gloesener: Eh! Lou et Jérémie! Vous arrivez?

Lou: On arrive! Jérémie prépare ses affaires. Maman! Je cherche ma veste.

Mme Gloesener: Oh là là, elle est devant toi, sur ton sac.

Ils arrivent à l'école de Jérémie.

M. Gloesener et Lou: Au revoir, Jérémie, à plus[1]!

Jérémie est à l'école. Il passe devant le CDI. Il cherche sa classe. Il regarde les élèves. Ah! La classe de la quatrième C est là-bas.

1 **à plus** [aplys] bis später

Bilan autocorrectif

1 Redewendungen Qu'est-ce qu'on dit?

Du bist bei deinem Brieffreund / deiner Brieffreundin in Frankreich.

1. Du begrüßt seinen Freund / ihre Freundin und fragst ihn/sie, wie es ihm/ihr geht.

____

____

2. Du fragst, wo er/sie wohnt.

____

3. Du begrüßt eine Lehrerin.

____

4. Du stellst dich vor und sagst, dass du neu bist.

____

____

5. Du fragst einen Schüler / eine Schülerin, wie er/sie heißt.

____

____

6. Du verabschiedest dich von einem Lehrer.

____

2 Der bestimmte und der unbestimmte Artikel L'article défini et l'article indéfini

Complète.

1. Charlotte et Pauline regardent ______ photos.
2. – ______ garçon sur ______ photo, c'est qui?
3. – C'est Karim, ______ garçon de Marrakech. Il est très sympa.
4. – Et ______ deux filles devant ______ école, c'est qui?
5. – Ce sont Lili et Magalie, ______ élèves de ma classe.
6. – Et ______ chien sur ______ balcon, c'est ton chien?
7. – Non, C'est ______ chien de Magalie.
8. – Et ______ fille devant le collège, c'est Laura, ______ élève de ma classe.

3 Wortschatz Vocabulaire

Le CDI: Complète. Utilise l'article indéfini.

1 ______ 2 ______

6 ______

3 ______ 4 ______ 5 ______ 7 ______

4 Die Verben „être“ und „avoir“ / Die Personalpronomen Les verbes «être» et «avoir» / Les pronoms personnels

Complète.

– Marie et Philippe, ______ ______ dans la classe de Jérémie?

– Oui, ______ ______ dans sa classe.

– Et toi? ______ ______ dans sa classe aussi?

– Non, ______ ______ dans la classe de Léa.

– Léa, ______ qui?

– ______ ______ en quatrième D.

– Charlotte et Magalie ______ aussi en quatrième D, non?

– Oui, ______ ______ aussi dans la classe de Léa.

– Eh, Philippe et Caroline, ______ ______ le livre d’allemand?

– Oui, ______ ______ le livre.

– Et David? ______ ______ aussi son livre?

– Je ne sais pas. Et toi, ______ ______ ton livre d’allemand?

– Euh ... non, mais ______ ______ mon livre d’anglais.

– Philippe et Caroline ______ aussi le livre d’anglais.

5 Der Possessivbegleiter Le déterminant possessif

Complète.

Die Lösungen findest du auf S. 100.

UNITÉ 2 La famille et les copains

Approches

1 *Note les points en commun entre Jérémie, David, Yasmina, Camille et Lila.* Schreibe die Gemeinsamkeiten der fünf Freunde auf. (→ Texte, p. 31)

____

____

____

____

____

2 *Donne le résultat de la course.* Gib die Ergebnisse des Wettlaufs bekannt!

Voici[1] le quatre, le ______________________________

____

____

____

1 **voici** hier ist

3 **a** *Qu'est-ce qu'ils aiment?* Was mögen sie?

______________ ______________ ______________ ______________

______________ ______________ ______________ ______________

b *Choisis et présente une de ces personnes. Imagine son prénom, son âge, sa ville*[1]*, ses hobbies.* Suche dir eine Person aus und stelle sie vor. Denke dir ihren Vornamen, ihr Alter, die Stadt in der sie wohnt, und ihre Hobbys aus.

____

____

____

____

____

____

____

1 **la ville** die Stadt

4

Avec ou sans accent? Complète les phrases avec à, a, ou, où. Mit oder ohne Akzent? Vervollständige die Sätze mit „à", „a", „ou", „où".

1. Yves ________ trois frères. Il habite ________ Paris.

2. Elle est d'________, Élodie?

3. ________ l'école, Julien aime les maths.

4. Regarde, Éric ________ un chien!

5. Il est ________, ton collège? ________ Paris ________ ________ Courbevoie?

6. Magalie emprunte un livre ________ une revue ________ la bibliothèque?

7. – Tu es d'________? De Genève ________ de Luxembourg?

8. Elle ________ des professeurs sympa ________ son collège.

1 **a** *Vrai ou faux?* Richtig oder falsch? (→ Texte, p. 33)

	vrai	*faux*
1. Les parents de Monsieur Gloesener sont à Paris pour trois jours.	☐	☐
2. Dans l'appartement des Gloesener, les toilettes sont en face de la cuisine.	☐	☐
3. L'appartement a un balcon.	☐	☐
4. Jérémie cherche ses affaires et sa veste.	☐	☐
5. Les grands-parents arrivent, mais Jérémie et son père filent.	☐	☐
6. Les grands-parents de Jérémie sont les parents de ses parents.	☐	☐

b *Corrige les phrases fausses dans ton cahier.* Korrigiere die falschen Sätze in dein Heft.

2 **a** *Trouve les quinze noms. Écris-les avec l'article défini et les accents.* Finde die fünfzehn Nomen. Schreibe sie mit dem bestimmten Artikel und den Akzenten auf.

A	B	G	R	A	N	D	S	-	P	A	R	E	N	T	S
C	F	R	E	R	E	R	N	O	A	U	F	N	A	S	U
I	R	A	J	U	T	E	P	E	R	E	S	F	I	L	S
U	B	N	U	X	E	A	W	S	E	S	J	A	V	O	O
R	I	D	O	C	O	P	A	I	N	T	U	N	R	I	E
T	Z	-	F	A	U	G	A	W	T	R	I	T	U	A	U
F	A	M	I	L	L	E	O	C	S	Z	E	S	Y	D	R
A	T	E	L	P	V	H	P	O	C	U	T	I	Z	M	G
E	B	R	L	I	C	I	U	P	S	I	N	B	F	E	F
E	S	E	E	A	T	C	H	I	E	N	O	T	G	R	P
i	R	R	T	T	G	R	A	N	D	-	P	E	R	E	I
A	P	P	A	R	T	E	M	E	N	T	A	X	C	V	U

____

____

____

____

____

____

____

b *Forme au moins quatre phrases avec des mots de* **a** *dans ton cahier. Tu peux utiliser plusieurs mots par phrase.* Bilde mindestens vier Sätze mit den Wörtern aus **a** in deinem Heft. Du kannst mehrere Wörter pro Satz verwenden.

3 *Décris la photo. Utilise* devant, derrière, là, sur, à gauche *ou* à droite. Beschreibe das Foto.

____

____

____

____

____

____

____

____

4

5 *Complète les phrases par un déterminant possessif.* Vervollständige mit den Possessivbegleitern. (→ Repères, p. 44/4)

1. Jérémie et Lou habitent avec ______ parents à Paris. ______ grands-parents sont à Paris pour huit jours.
2. Jérémie est avec ______ grand-mère. Ils regardent des photos de ______ copains David, Camille, Lila et Yasmina.
3. Les enfants sont dans ______ chambre avec ______ copains.
4. Jérémie cherche ______ affaires: ______ veste et ______ rollers.
5. Lou est dans ______ chambre. ______ grands-parents entrent et parlent avec ______ petite-fille[1].
6. M. et Mme Gloesener aiment ______ appartement. ______ enfants aiment aussi l'appartement.

1 **la petite-fille** die Enkelin

6 *Forme des phrases. Utilise les déterminants possessifs* notre, votre, leur *et* nos, vos, leurs. Bilde die Sätze. Verwende die Possessivbegleiter „notre", „votre", „leur" und „nos", „vos", „leurs". (→ Repères, p. 44/4)

1. Lisa et Paul / *aimer* / école / professeurs

______

______

2. Les filles / *photographier* / copines

______

______

3. Nous / *chercher* toujours / affaires

______

______

4. Vous / *travailler* / avec / copains?

______

______

5. Nous / *parler* / avec / professeur d'anglais

______

______

6. Lou et Jérémie / *photographier* / tour / avec / chien / sur le balcon

______

______

______

7. Lou et Jérémie / *être* / sur la tour Eiffel / avec / grands-parents.

______

______

______

8. Vous / *chercher* / sac, Madame?

______

7 *Traduis les phrases. Écris dans ton cahier.* Übersetze die Sätze. Schreib sie in dein Heft. (→ Repères, p. 44/4)

1. Habt ihr eure Sachen?
2. Ihre Freunde wohnen in Paris.
3. Julia packt ihre Tasche.
4. Ist das Ihre Jacke?
5. Sein Vater mag Musik.
6. Sind das seine Fotos?
7. Seine Bücher sind in seiner Tasche.

8 *Qu'est-ce qu'ils disent? Regarde les dessins et écris des phrases possibles. Utilise l'impératif.* Schaue dir die Bilder an und schreibe passende Sätze. Verwende den Imperativ. (→ Repères, p. 45/6; → Les verbes, p. 163)

1. *épeler*

2. *photographier*

3. *préparer*

4. *regarder*

5. *porter* / valises / chambre 12

6. *entrer*

1. ______
2. ______
3. ______
4. ______
5. ______
6. ______

9 *Trouve les questions.* Finde die Fragen.

1. ______

______

Tes rollers? Je ne sais pas. Regarde sur le balcon.

2. ______

______

David et Jérémie? Ils sont chez Yasmina.

3. ______

______

Mes parents? Ils travaillent encore.

4. ______

______

Ton livre de maths? Cherche dans ton sac!

10 

Fais le tandem page 91 avec ton voisin / ta voisine[1].

[1] **le voisin / la voisine** der Nachbar / die Nachbarin

La France en direct

11 *Bienvenue au CDI.* Willkommen im CDI. (→ Méthodes, p. 150/1, p. 153/1)

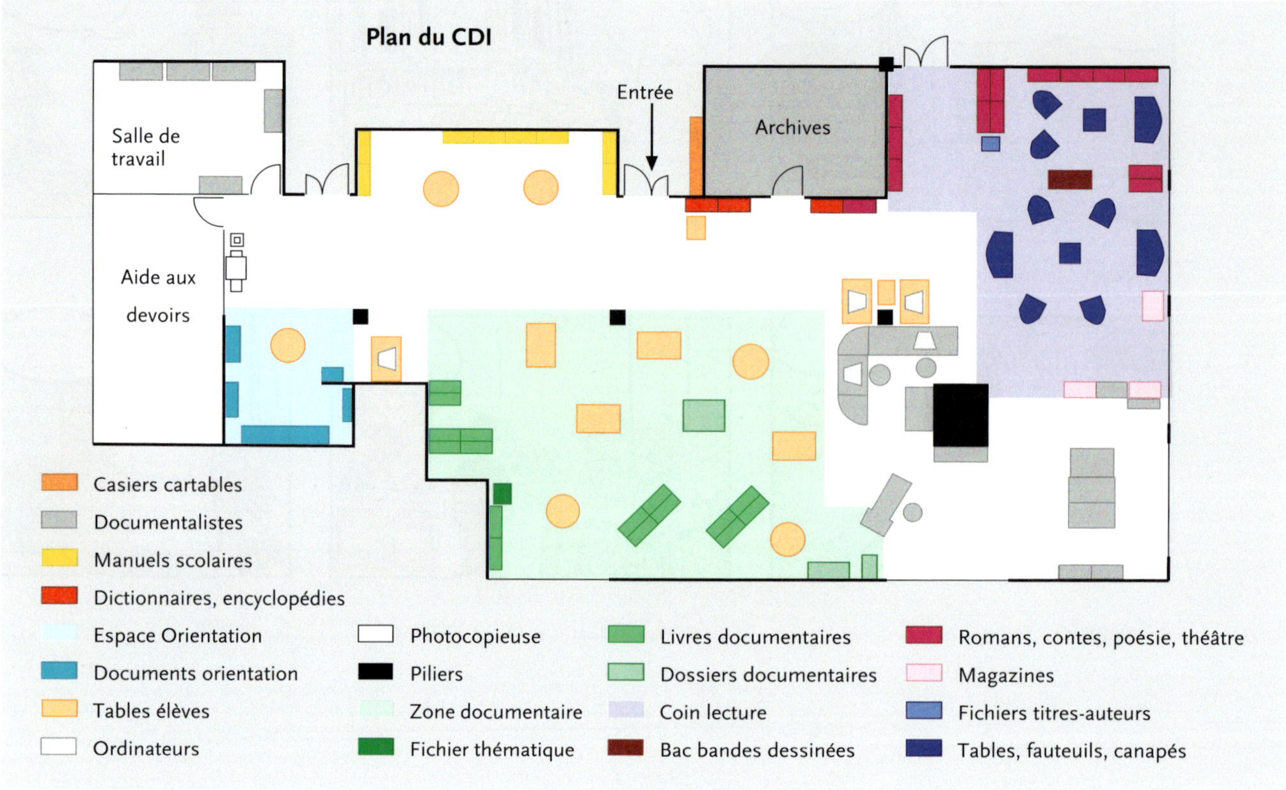

Schau dir den Plan an und markiere die verschiedenen Orte auf dem Plan.

1. Du bist im CDI und möchtest im Internet surfen. Wo findest du die Computer?

   „Computer" heißt ______________________ auf Französisch.

2. Du benötigst ein Wörterbuch. Wo kannst du es finden?

   „Wörterbuch" heißt ______________________ auf Französisch.

3. Du möchtest etwas kopieren. Wo findest du den Kopierer?

   „Kopierer" heißt ______________________ auf Französisch.

4. Du brauchst ein Sachbuch. Wo kannst du es finden?

5. Du möchtest in Ruhe arbeiten. Wo kannst du hingehen?

   Der Raum heißt ______________________ .

1 *Qu'est-ce qui va ensemble? Forme le plus de phrases possible.* Was passt zusammen? Bilde so viele Sätze wie möglich!

écouter être provoquer ranger regarder rêver téléphoner travailler	à dans sur devant par sous X *(pas de préposition)*	ordinateur lit chambre bus fenêtre CD film porte parents professeur livres sac

Je téléphone dans le bus / dans ma chambre / sur mon lit.

2 *Retrouve l'ordre des mots et écris les phrases.* Bringe die Wörter in die richtige Reihenfolge und schreibe die Sätze auf.

1. ne – Lou – souvent – sa – pas – range – chambre
2. famille – habite – Luxembourg – pas – la – Gloesener – à – n'
3. de – grands-parents – pas – Jérémie – les – n' – la Défense – aiment
4. ne – pas – valises – salle – Jérémie – de – porte – dans – séjour – les – la
5. Chaipas – sur – pas – le – est – balcon – n'
6. pas – là – Monsieur – Gloesener – n' – encore – est

3 *Qu'est-ce qu'ils font? Réponds aux questions.* Was machen sie? Beantworte die Fragen. (→ Repères, p. 45/9)

4 **a** *Tu es en France, chez ton correspondant/e. Écris le dialogue dans ton cahier. Utilise* Est-ce que *ou* Qu'est-ce que. Du bist in Frankreich bei deinem Brieffreund / deiner Brieffreundin. Schreibe den Dialog in dein Heft.

Du möchtest wissen, ob er/sie immer in seinem/ihrem Zimmer arbeitet. → Er/Sie verneint und sagt, dass er/sie oft im Wohnzimmer arbeitet.
↙
Du möchtest wissen, ob er/sie oft sein/ihr Zimmer aufräumt. → Er/Sie antwortet: „einmal die Woche".

Du fragst ihn/sie, was er/sie mag und nicht mag. → Er/Sie antwortet, dass er/sie Tennis, Filme und Musik mag. Er/Sie mag nicht schwimmen.
↙
Du fragst, ob er/sie oft CDs hört. → Er/Sie bejaht und fügt hinzu, dass er/sie vor allem CDs von Sinsemilia, Tryo und Raphaël hört.
↙
Du möchtest wissen, was sein/ihr Bruder mag? → Er/Sie erzählt, dass er Computer mag und dass er immer vor seinem Computer hockt.
↙
Du fragst, ob seine/ihre Freunde Deutsch sprechen. → Er/Sie antwortet, dass sie vor allem Englisch sprechen.

b *À toi. Pose encore deux ou trois questions et imagine les réponses de ton/ta correspondant/e.* Du bist an der Reihe. Stelle deinem/deiner Brieffreund/in noch zwei oder drei Fragen und denke dir seine/ihre Antworten aus.

1 *Coche la phrase juste.* Kreuze den richtigen Satz an. (→ Texte, p. 40–41)

1. ☐ Lila et Yasmina sont les amies de Camille et son frère.
   ☐ Lila et Yasmina sont les copines de Camille et son frère.
2. ☐ Elles sont drôles et serviables et Camille aime bien ses deux copains.
   ☐ Camille aime bien les idées et le look de ses deux amies.
3. ☐ Lila et Yasmina sont des copines de Jérémie, mais il préfère Lila.
   ☐ Lila et Yasmina sont les copines de Jérémie, mais il aime bien Camille et David aussi.
4. ☐ Jérémie préfère Lila: Elle pose des questions et regarde dans ses affaires.
   ☐ Pour Jérémie, Lila est un peu curieuse et il préfère Yasmina.
5. ☐ David aime bien Lila, mais il préfère la natation.
   ☐ David aime bien Lila et il va au handball avec elle et Jérémie.
6. ☐ Camille aime bien Jérémie, mais il n'est pas très intéressant.
   ☐ Camille aime bien Jérémie, il est très sympa et un nouveau dans un groupe, c'est intéressant.
7. ☐ Jérémie a un cahier avec des poèmes dans son sac. Pour Camille c'est drôle pour un garçon.
   ☐ Jérémie a un cahier avec des poèmes dans son sac. Pour Camille, il est drôle.

2 *Des lettres et des mots. Forme le maximum de mots avec les lettres. Écris dans ton cahier.* Bilde verschiedene Wörter mit den folgenden Buchstaben. Schreibe in dein Heft.

Exemple: henasrcut

nombre de lettres
1 2 3 4 5 6 7 8 9 …
s u r
r u e
r u e s
c h a n t e r
c h a n t e u r
c h a n t e u r s

1 nmdoe
2 serpas
3 gahprteoiohrp
4 mmeada
5 sieurnom
6 uurttso
7 auneg
8 lemasilf
9 aelsujderoles

3 🎧 6 *Écoute les mots et écris-les dans la bonne colonne.* Höre dir die Wörter an und schreibe sie in die richtige Spalte. Achtung: Einige Wörter passen in zwei Spalten, andere in keine … (→ Méthodes, p. 153/2)

appartement de devant euh ordinateur un peu deux fenêtre le monsieur leur demi rollers qu'est-ce que c'est? regarder ce sont professeur revue semaine sœur je veut neuf

[ø]	[ə]	[ɛ]

4 *Le français en classe. Qu'est-ce qu'on dit?* (→ Repères, p. 44/1)

1. Du bist im Unterricht und begrüßt den Lehrer.

___

2. Wie sagst du dem Lehrer, dass du die Frage nicht verstehst?

___

___

3. Du verstehst das Wort „natation" nicht und fragst nach seiner Bedeutung. Was sagst du?

___

___

4. Du kennst die Antwort auf eine Frage nicht. Was sagst du?

___

___

5 *Forme six phrases. Utilise des adjectifs.* Bilde sechs Sätze. Verwende die Adjektive. (→ Repères, p. 45/5)

___

___

___

___

___

___

___

___

___

___

6 *Où sont les cinq copains? Utilise* à la, à l', au *ou* aux. (→ Repères, p. 44/3)

1. Ils sont ___
2. ___
3. ___
4. ___
5. ___
6. ___

7 *Complète les phrases par des formes des verbes* aller, avoir *ou* être. (→ Les verbes, p. 163–164)

1. Les Dion ______ deux enfants, un fils et une fille.
2. Léo ______ 13 ans. Il ______ brun, grand et sympa.
3. Mathilde ______ 14 ans. Elle ______ grande, brune et drôle.
4. Léo ______ en quatrième et sa sœur ______ en troisième.
5. Ils ______ souvent ensemble: ils ______ à l'école et à la piscine ensemble.
6. Léo ______ au foot une fois par semaine et Mathilde ______ au tennis deux fois par semaine.
7. «Les enfants, vous ______ au sport?»
8. «Mais non, Maman, Léo ______ au ciné avec ses copains et moi, je ______ aux Galeries Lafayette avec Lisa.»
9. «Vous ______ vos affaires?»
10. «Mais oui, Maman, nous ______ tout.»

La France en direct

8 Du suchst einen/e Brieffreund/in in Frankreich. Fülle das Formular von Okapi aus. Du bekommst wenige Tage später diesen Brief aus Frankreich. Antworte auf Französisch. (→ Méthodes, p. 150/1, p. 155/1)

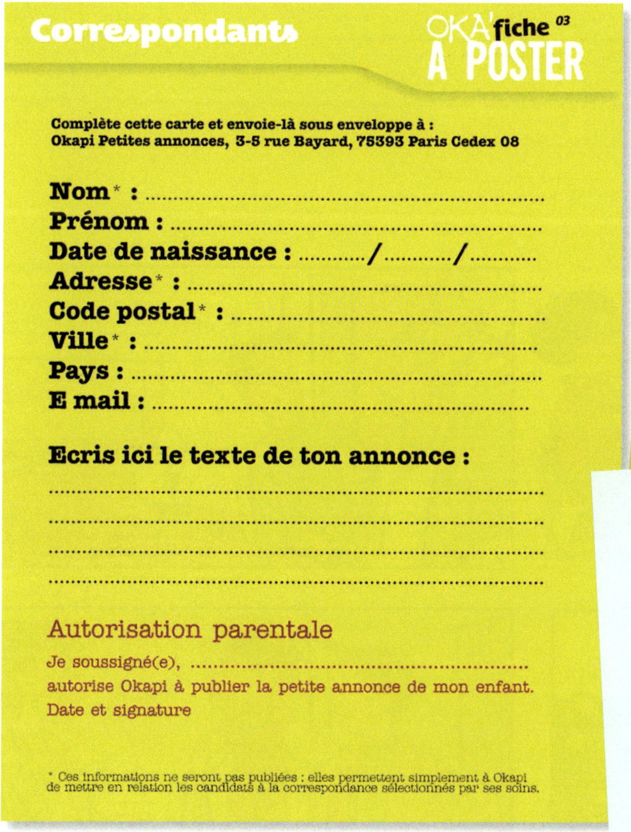
Correspondants — OKA' fiche 03 À POSTER

Complète cette carte et envoie-là sous enveloppe à :
Okapi Petites annonces, 3-5 rue Bayard, 75393 Paris Cedex 08

Nom* : ....
Prénom : ....
Date de naissance : ..../......../........
Adresse* : ....
Code postal* : ....
Ville* : ....
Pays : ....
E mail : ....

Ecris ici le texte de ton annonce :
....
....
....
....

Autorisation parentale
Je soussigné(e), ...
autorise Okapi à publier la petite annonce de mon enfant.
Date et signature

* Ces informations ne seront pas publiées : elles permettent simplement à Okapi de mettre en relation les candidats à la correspondance sélectionnés par ses soins.

Hallo,

ich habe deine Anzeige gelesen und dachte mir, ich könnte versuchen auf Deutsch zu schreiben.
Ich heiße Alice Barbier. Ich bin 14 Jahre alt. Ich treibe gerne Sport und schwimme besonders gern. Ich habe einen Bruder und zwei Schwestern. Mein Bruder ist 19 und wohnt in Lyon. Mit meiner Familie wohnen wir in Saint-Perret, das in der Nähe von Valence liegt. In der Gegend gibt es Weinberge und man kann dort auch wandern gehen. Und bei dir? Was machst du gerne? Hast du Geschwister?

Ich hoffe, dass du dich bald zurückmeldest.
Bis dann,
Alice

1 **Qu'est-ce qu'on dit?**

a Du schreibst einem Brieffreund / einer Brieffreundin.

Gib an, …

1. … wie du heißt.
2. … wo du wohnst.
3. … wie alt du bist.
4. … was du magst und nicht magst.
5. … wie oft du etwas tust.

b Nun frage ihn/sie, …

1. … wie alt er/sie ist.
2. … wo er/sie wohnt.
3. … was er/sie mag oder nicht mag.
4. … ob er/sie oft ins Kino geht.

2 **Die Possessivbegleiter** Les déterminants possessifs

Complète les phrases par un déterminant possessif.

3 Die Verneinung „ne ... pas“ La négation avec «ne ... pas»

Écris le contraire. Utilise ne ... pas.

1. Yasmina a 14 ans. ___
2. Elle habite à Paris. ___
3. Elle aime la natation. ___

4. Elle écoute ses CD au collège.

___

5. Elle parle arabe.

___

6. Elle va souvent au foot avec les garçons.

___

4 Der zusammengezogene Artikel mit „à“ L'article contracté avec «à»

Où est Jérémie?

1. ______________________________

2. ______________________________

3. ______________________________

4. ______________________________

5. ______________________________

6. ______________________________

5 Das Adjektiv L'adjectif

Mets les noms et les adjectifs à la forme correcte.

1. Les ____________ sont ____________ . (garçon / grand)

2. Les ____________ sont ____________ . (fille / brun)

3. Les ____________ de Jérémie sont ____________ . (copain / sympa)

4. Sa ____________ est ____________ . (sœur / différent)

5. Le ____________ de Jérémie est ____________ . (père / curieux)

6 Konjugation Conjugaison

Complète les phrases par des formes des verbes aimer, aller, préférer *ou* ranger *au présent ou à l'impératif.*

1. Lila, ____________ dans ta chambre et ____________ tes affaires, s'il te plaît.

2. Nous ____________ le foot, mais nous ____________ la natation et nous ____________ à la piscine deux fois par semaine.

3. Les enfants, ____________ dans votre chambre, s'il vous plaît.

4. Nous ____________ nos chambres et nous ____________ au ciné.

5. J' ____________ le foot, mais je ____________ le handball.

6. Je ____________ au collège avec ma copine Sophie.

Die Lösungen findest du auf S. 100.

UNITÉ 3 *Une heure, une journée, une semaine*

Approches

1 **a** *Relie.* Setze die richtigen Zahlen ein.

b *Complète.*

en français	en allemand
Il est midi dix.	______________________
______________________	Es ist halb sieben.
Il est vingt-deux heures trente-cinq.	______________________
Il est sept heures moins dix.	______________________
______________________	Es ist zwanzig nach vier.
______________________	Es ist dreiundzwanzig Uhr und fünfzehn Minuten.
______________________	Es ist ein Uhr fünf.
Il est vingt-et-une heures quarante-six.	______________________

2 *Écris les numéros des pages de ton carnet jusqu'à 60.* Schreibe die Seitenzahlen deines Arbeitsheftes bis 60 aus.

3

1 *Complète le texte.* Es gibt mehrere Möglichkeiten. (→ Texte, p. 52–53)

Camille ________________ à six heures et demie et elle ________________ .

Après, elle prend le ________________ avec son frère et sa mère.

Camille et David vont ________________ . Ils arrivent à ________________ .

Ils ont cours ________________ . À midi, ils ________________ à la cantine.

À 16 heures, Camille rentre ________________ , elle ________________ la télé.

David ________________ .

À six heures moins le quart, Camille est ________________ avec ________________ .

Les deux filles parlent ________________ . Yasmina pense qu' ________________

mais qu' ________________ .

À six heures, Camille ________________ dans sa chambre . Sa mère arrive à ________________

________________ . Après, la famille ________________ . Ensuite, Camille

________________ et David ________________ .

2 *Décris les dessins. Utilise des verbes pronominaux.* (→ Repères, p. 66/5)

1. la radio

2. je

3. ils

4. on

5. vous

6. les garçons

7. Pierre et Sophie

8. nous

1. ____

2. ____

3. ____

4. ____

5. ____

6. ____

7. ____

8. ____

3 **a** *Complète les phrases par des formes du verbe* dire. (→ Les verbes, p. 164)

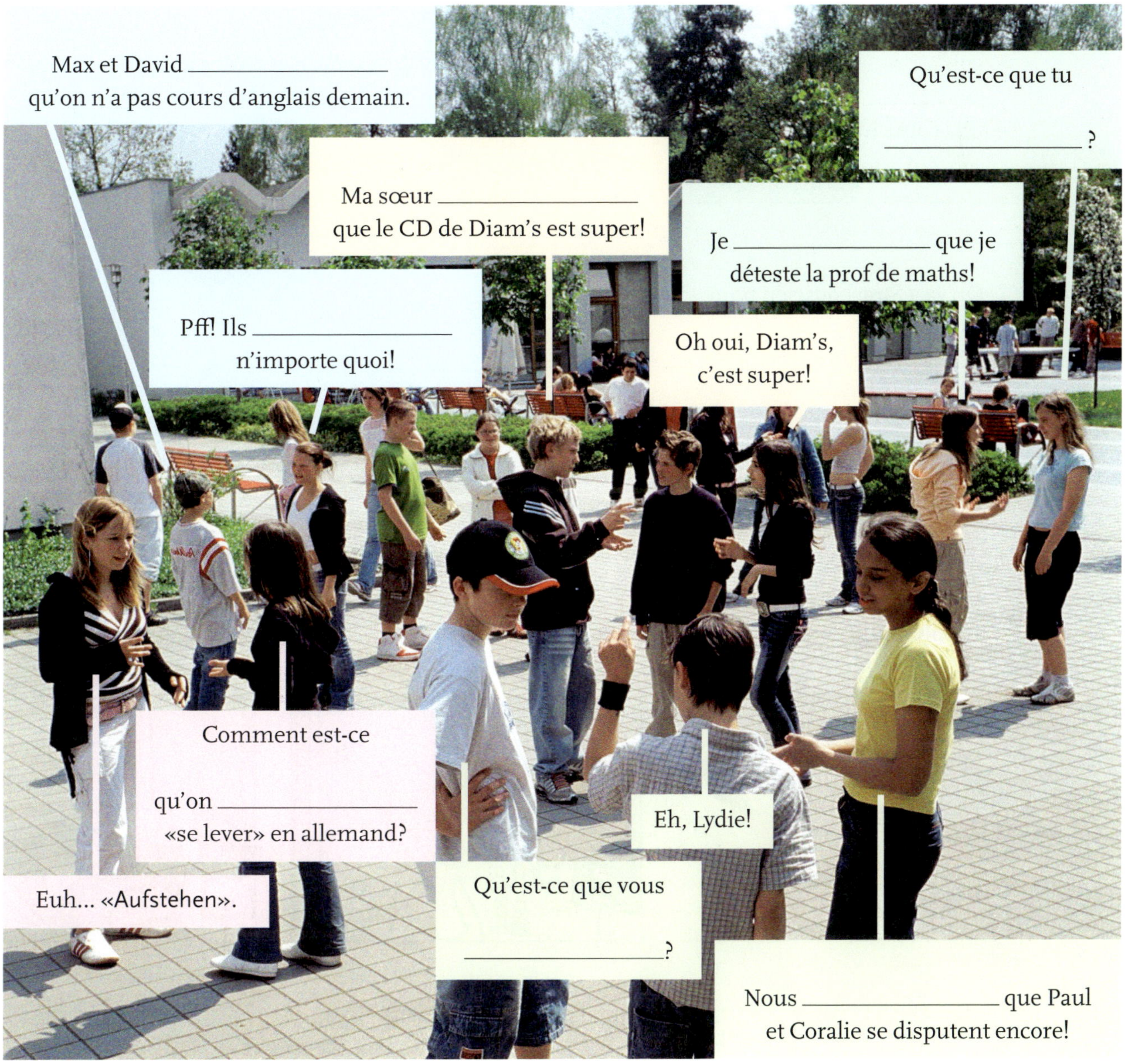

b *À toi. Forme trois phrases avec des formes de* dire *ou* se dire. *Écris dans ton cahier.*

4 *Trouve les questions.* (→ Repères, p. 66/8)

à quelle heure est-ce que?
pourquoi est-ce que? quand est-ce que?
jusqu'à quelle heure est-ce que?
comment est-ce que? où est-ce que?

1. ______________________________

____

Je n'aime pas Lise parce qu'elle dit toujours n'importe quoi.

2. ______________________________

____

On va à la piscine demain après les cours.

3. ______________________________

____

J'ai cours jusqu'à quatre heures aujourd'hui.

4. ______________________________

____

On va à Strasbourg en train.

5. ______________________________

____

Mes parents rentrent à sept heures et demie.

6. ______________________________

____

Ma mère travaille dans une librairie derrière la cathédrale.

7. ______________________________

____

Les enfants sont dans leur chambre parce qu'ils travaillent.

8 ______________________________

____

Le train arrive dans une heure.

9. ______________________________

____

Je ne suis pas sympa avec toi parce que tu es méchant!

10. ______________________________

____

On mange à la cantine à midi.

11. ______________________________

____

On se retrouve devant le ciné à trois heures.

5 *Regarde les dessins. Qu'est-ce qu'ils disent? Imagine les dialogues.* (→ Repères, p. 66/8) *Utilise:*

à quelle heure est-ce que? comment est-ce que? où est-ce que? pourquoi est-ce que? quand est-ce que?

____

____

6 *Complète.* (→ Liste chronologique des mots, p. 171)

Pierre arrive [1] ou demain.
Jusqu'à quelle heure est-ce que vous travaillez [2]?
Qu'est-ce que tu [3] au petit-déjeuner?
Camille est dans la cuisine. Elle cherche les [4].
Mon grand-père arrive [5].
Madame Dubonnet rentre à 7 [6].
Allume la [7], s'il te plaît.
Je n'ai pas [8] demain.
On [9] à la cantine.
Est-ce que tu aimes le [10]?
Comment est-ce que tu [11]? En bus ou en métro?
Les enfants [12] leurs parents et vont au lit.

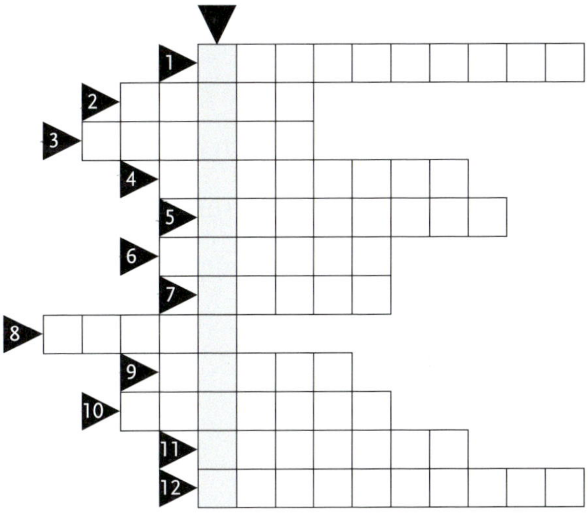

7 *Un lundi: choisis une personne et imagine sa journée.*

se lever *se doucher* *prendre* le petit-déjeuner *aller* *avoir* cours *travailler*
manger *rentrer* *parler* *regarder* *écouter* *être* au lit *rêver* ___

1 *Corrige les phrases dans ton cahier.* (→ Texte, p. 57)

1. C'est mercredi après-midi. Yasmina et Lila vont au collège en métro.
2. Elles prennent la ligne 1 jusqu'à Nation pour aller à Montmartre.
3. À Nation, elles écoutent un chanteur. Il est très ringard.
4. Fabian Schmidt a 29 ans.
5. Les deux filles n'achètent pas le CD. Il est trop cher.
6. Ensuite, les deux filles se baladent dans le quartier, et elles rentrent.
7. Yasmina a une idée: chanter dans le métro.
8. Lila ne peut pas chanter dans le métro parce qu'elle chante mal.

2 *Ajoute les accents si nécessaire.* Füge die Akzente hinzu, falls erforderlich!

Aujourd'hui, c'est mercredi. Le mercredi apres-midi, Max et son ami ne vont pas au college bien sur, mais ils se baladent ensemble. En general, ils prennent le metro, mais aujourd'hui, ils preferent se balader en rollers. Ils se retrouvent Place d'Italie pour acheter un cadeau[1] pour l'anniversaire d'un copain. Sa fete est samedi. Dans la rue, ils ecoutent un chanteur de rap. Il chante tres bien. Les deux garçons achetent son CD. Leur copain ecoute beaucoup de rap.

1 **le cadeau** das Geschenk

3 *Traduis les phrases et écris dans ton cahier. Utilise* beaucoup de, pas de, un peu de, assez de, trop de. (→ Repères, p. 65/2)

1. Charlottes Schwester mag Musik und hat viele CDs.
2. Sie hört gerne Céline Dion oder Raphaël, aber sie hört keinen Rap.
3. Heute nach dem Unterricht geht Charlotte in die Galeries Lafayette, weil ihre Schwester morgen Geburtstag hat.
4. Charlotte hat nicht viel Geld, aber sie hat viele Ideen.
5. Die Tasche dort ist nicht schlecht, und ihre Schwester hat keine Tasche.
6. Die Tasche ist zu teuer. Charlotte hat nicht genug Geld.
7. Sie kauft eine CD von Céline Dion und sie hat noch ein bisschen Geld. Sie kauft eine Packung Kekse.

4 **a** *Retrouve les formes d'*acheter *et les 15 noms.* (→ Les verbes, p. 163)

G	S	P	R	A	C	H	E	T	E	C	D
U	N	E	U	C	A	C	H	E	T	E	S
I	C	I	E	H	C	A	H	I	E	R	A
T	O	M	I	E	H	P	U	A	S	O	B
A	C	H	E	T	E	Z	E	T	A	L	I
R	A	C	H	E	T	O	N	S	C	L	S
E	L	I	V	R	E	V	U	E	S	E	C
T	A	B	L	E	N	A	V	I	S	R	U
S	I	D	E	E	T	A	P	I	S	S	I
A	S	V	E	S	T	E	S	P	O	R	T
O	R	D	I	N	A	T	E	U	R	E	S

b *Forme des phrases avec les formes d'*acheter *et des noms de* **a**. *Écris dans ton cahier.*

5 *Complète le poème par des formes d'aimer et de préférer.* (→ Les verbes, p. 163) *Tu peux utiliser:*

ami/e CD chien copain copine DVD famille filles garçons
lundi ordinateur photo piscine poissons samedi sœur

J'aime mon ________ ordinateur ________.
Mais je préfère ma ________ sœur ________.
Tu ________________________?
Ah, tu ________________________.
Il ________________________.
Elle ________________________.

Nous ________________________.
Mais nous ________________________.
Vous aimez ________________________?
Vous ________________________?
Elles ________________________.
Mais elles ________________________ Léo!

6

7 **a** *Retrouve l'ordre des mots et écris les phrases dans ton cahier.*

1. pendant – je – les – à – me – lève – vacances – pas – heures – six – ne
2. elle – plus – achète – ne – pas – CD – s' – de
3. on – parents – pas – se – avec – balade – ne – nos – souvent
4. les – à – se – station – deux – de – copines – métro – retrouvent – pas – ne – la
5. ils – se – plus- ne – parlent – et – ils – bonjour – se – plus – disent – ne
6. pourquoi – école – vous – ce – préparez – vous – pour – l' – est – que – ne – pas

b *Prépare encore deux phrases comme en* **a** *pour ton voisin / ta voisine. Il/Elle retrouve l'ordre des mots.*

____

____

8 *Imagine des fins de phrases. Utilise* pour + *infinitif.* (→ Repères, p. 66/6)

1. Camille rentre à la maison pour regarder la télé ________________.
2. Yasmina va à la Défense ________________________.
3. Aujourd'hui, Yasmina et Lila vont à Montmartre ________________________.
4. Les élèves vont au CDI ________________________.
5. Madame Gloesener va aux Galeries Lafayette ________________________.
6. Est-ce que tu prends le bus ________________________?

9 *Tu es à Paris, dans une station de métro, avec un/e ami/e français/e et vous écoutez une chanteuse. Écris le dialogue dans ton cahier.* (→ Méthodes, p. 155/2)

Du erzählst deinem Freund / deiner Freundin, dass die Sängerin super ist und dass du ihre Lieder magst. → Dein Freund / Deine Freundin findet, dass es ein bisschen altmodisch ist, aber dass sie sehr gut singt.

↙ Du fragst dich, ob du genug Geld hast, um eine CD für deine Mutter zu kaufen. → Dein Freund / Deine Freundin fragt die Sängerin nach dem Preis. Die CD kostet 18 Euro.

↙ Du findest, dass das zu teuer ist.

↘ Dein Freund / Deine Freundin fragt, ob ihr nach Hause gehen oder ob ihr noch spazieren gehen sollt.

↙ Du antwortest, dass du lieber in Saint-Germain spazieren gehst. → Dein Freund / Deine Freundin schlägt vor, dorthin mit dem Bus zu fahren.

↙ Du bejahst. Du möchtest dir die Häuser und Straßen von Paris ansehen.

10

La France en direct

11 **a** *Trouve les bons tickets*[1] *pour Madame Dubois (D). Julien (J) et sa famille (F). Remplis-les.* Welche Fahrkarte für wen? (→ Méthodes, p. 154/3)

– Madame Dubois habite à Versailles et travaille à Paris. Elle va au travail en métro.
– Julien et ses parents passent un week-end[2] à Paris.

1 **le ticket** die Fahrkarte 2 **le week-end** am Wochenende
3 **le mois** der Monat 4 **moins de** weniger als

▲ carte valable pour une semaine ou pour un mois[3]
15,70 € pour une semaine
51,50 € pour un mois

◀ pour les moins de[4] 26 ans, valable le week-end
3,20 € par jour

◀ 8,35 € pour un jour
13,70 € pour deux jours
18,25 € pour trois jours

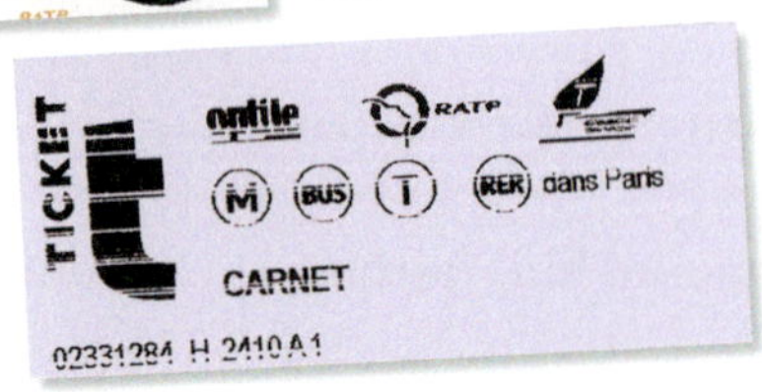

◀ 1,70 €

b *Va sur le site www.ratp.com et vérifie les prix des tickets.* Geh auf die Website von der RATP und finde die aktuellen Preise von den verschiedenen Fahrkarten heraus.

SÉQUENCE 3

1 *Retrouve l'ordre et raconte l'histoire. Écris dans ton cahier.* (→ Texte, p. 61–62)

2 *Retrouve les mots. Écris-les avec l'article défini.*

3 *Jérémie fait les courses pour ses parents. Qu'est-ce qu'il achète?*

4 *Écoute les mots. Quel(s) son(s) est-ce que tu entends? Écris les mots dans la bonne colonne.* (→ Méthodes, p. 153/2)

10

[ʃ]	[ʒ]
méchant,	déjà,

5 

Fais le tandem de la page 92.

6 *Complète le dialogue par des formes du verbe* faire. (→ Les verbes, p. 164)

– Qu'est-ce que vous ______________ pour la fête de l'école?

– Moi, je ______________ un clafoutis.

– Nous ______________ des crêpes[1]. Sébastien et Jérémie ______________ les crêpes avec nous.

– Et toi, Julie, qu'est-ce que tu ______________ ?

– Nordine et moi, on ______________ un spectacle! Nordine est à la guitare et moi, je chante.

– Tu chantes?! Bonjour, l'ambiance!

1 **la crêpe** die Crêpe

7 David hat mit seinem Computer einen Zahlencode erstellt:

a	à	b	c	ç	d	e	é	è	ê	f	g	h	i	j	k	l	m	n	o	p	q	r	s	t	u	v	w	x	y	z
69	70	71	72	73	74	75	76	77	78	79	80	81	82	83	84	85	86	87	88	89	90	91	92	93	94	95	96	97	98	99

a Mon copain aime le «quatre-vingt-cinq, soixante-neuf, quatre-vingt-deux, quatre-vingt-treize».
Qu'est-ce que c'est?

C'est ______________________________

b Bereite eine kodierte Form auf einem Zettel vor und diktiere sie deinen Mitschülern/innen in der nächsten Stunde.

8 11 *Écoute et complète le texte.* Höre dir den Text an und vervollständige ihn.

Aujourd'hui, c'est ______________ . On n'a pas ______________ , mais on fait les ______________ ... Ma sœur fait une ______________ pour ______________ anniversaire. Je ______ ______ les courses dans la ______________ , et Camille est ______________ ______ ______ avec Lila dans ______________ ______________ . Elle passe toujours des ______________ au téléphone avec ______________ ______________ ... Camille est ______________ : elle ne ______ ______ pas. À ______________ ______________ , elle est ______________ parce que Jonathan ______________ à son cours de ______ ______ ______ ______ . Bonjour ______________ ! Oh, je ______________ ______ ______ deux heures! ... dans deux heures tout le ______________ arrive! ______ ______ ______ ______ tout ça ...

9 *Écris le dialogue dans ton cahier.* (→ Méthodes, p. 155/2)

Yasmina fragt Jérémie, was er am Samstag Nachmittag vorhat. → Er weiß es nicht.

↙

Sie schlägt vor, gemeinsam ins Kino zu gehen. → Er kann nicht. Er hat kein Geld mehr.

↙

Sie schlägt vor, nach Montmartre zu fahren, um dort Fotos zu machen. → Er hat keinen Fotoapparat und er mag Montmartre nicht besonders.

↙

Sie schlägt stattdessen vor, gemeinsam mit Lila einen Kirschkuchen zu backen. → Er findet das super.

↙

Sie sagt, sie hat genug Geld, um ein Glas Kirschen und Eier zu kaufen.

La France en direct

10 **a** *Voilà une recette de crêpes.* Welche Zutaten in welcher Menge brauchst du für die Crêpes?

une pincée[1] de sel ____

____

____

____

____

____

____

____

____

b *Explique la recette à un/e ami/e qui ne parle pas français.* (→ Méthodes, p. 156/1)

____

____

____

____

1 **une pincée de sel** eine Prise Salz 2 **le zeste** das Stück Schale

Bilan autocorrectif

1 **Qu'est-ce qu'on dit?**

Du bist in Frankreich.

1. Frage einen Passanten nach der Uhrzeit.

2. Du möchtest einen Film sehen. Frage, um wie viel Uhr er spielt.

3. Du möchtest eine DVD kaufen. Frage, wie viel sie kostet.

4. Du findest das nicht zu teuer.

5. Du fragst einen Passanten, wie du zur U-Bahn-Station „Louvre“ kommst.

6. Du fragst, wie man „umsteigen“ auf Französisch sagt.

7. Du stehst vor einem Geschäft. Frage, ob es aufhat.

2 **Vocabulaire**

Note le vocabulaire du métro.

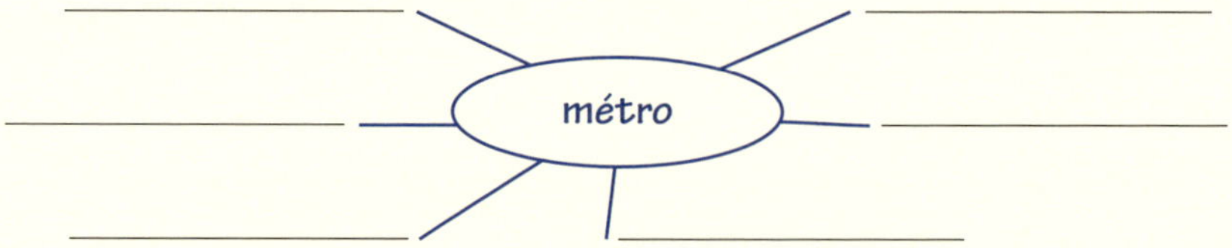

3 *Compare les deux dessins. Trouve les sept erreurs dans le dessin de droite et formule les phrases.* Vergleiche die zwei Zeichnungen. Finde die sieben Fehler heraus!

Sur le dessin de gauche, il y a deux bouteilles de coca, mais sur le dessin de droite, il y a ______

______

______

______

______

______

______

4 Die Uhrzeit L'heure

Lis et écris l'heure.

Samedi matin: Il est 

______ ______ .

______ . Jérémie fait les courses pour sa fête.

À 

______

______ , il mange avec sa sœur et sa mère. Il est 

______ . Il fait des crêpes. Ses copains arrivent à 

______

______ .

Il est 

______ .

______ Lila rentre à la maison.

5 Conjugaison

Complète le tableau.

acheter	dire	faire	offrir	pouvoir	prendre
j'achète					
	tu dis				
		il/elle/on fait			
			nous offrons		
				vous pouvez	
					ils/elles prennent

6 Die reflexiven Verben Les verbes pronominaux

Complète les phrases par une forme de se disputer, se doucher, se lever, se détester *ou* se préparer.

1. Paul ________________ à six heures.

2. Oh là là ... Son frère est encore dans la salle de bains, il ________________ encore!

3. Ils ________________ .

4. Ils (ne pas) ________________ , mais son frère passe toujours des heures dans la salle de bain ...

5. Maintenant, Paul ________________ pour aller à l'école.

7 Die indirekte Rede Le discours indirect

Mets les phrases au discours indirect.

1. *Yasmina:* Jonathan est sympa.

____

____

2. *Camille:* Il dit souvent n'importe quoi.

____

____

3. *Yasmina:* Il a des problèmes à la maison.

____

____

4. *Camille:* On se dispute toujours.

____

____

5. *Yasmina:* Il n'est pas méchant.

____

____

8 Die Frage mit Fragepronomen L'interrogation avec pronom

Écris les questions.

1. ________________________________

____

On rentre en métro.

2. ________________________________

____

Je vais à la piscine.

3. ________________________________

____

Je me lève à sept heures.

4. ________________________________

____

Parce que c'est ringard.

Die Lösungen findest du auf S. 101.

UNITÉ 4 La vie du collège

Approches

1 **a** *Trouve les mots et écris-les dans ton cahier.* (⟶ Texte, p. 72)

voyelles = A E I O U Y
consonnes = B C D F G H J K L M N P Q R S T V W X Z

consonnes	voyelles	
t c h n l g	e o o i e	technologie
s p g n l	e a o	
m t h s	a	
l l m n d	a e a	
m t r	a i è e	
m s q	u i u e	
t n r r d d c v r t	i i é a i e e é o u e e	
h s t r	i o i e	
g	é o	
d c t n c v q	é u a i o i i u e	
r c r t n	é é a i o	

b *Complète les phrases par les mots de* **a**.

1. Les élèves de quatrième C ont deux heures de ____________________ par semaine.

2. Quand Jérémie a cours d'____________________, son copain Sébastien a cours d'____________________.

3. La quatrième C a quatre heures de ____________________ par semaine: deux heures le matin, et deux heures l'après-midi.

4. Une fois par semaine, les élèves ont cours de ____________________. Ils chantent des chansons de Yannick Noah.

5. Pendant les cours d'____________________ les élèves parlent de la nature, des animaux, des sciences et un peu d'histoire.

6. En France, en général, les profs n'ont qu'une ____________________, mais les profs d'____________________ sont aussi prof de ____________________ et d'____________________.

7. Le collège en France, c'est le stress, mais deux fois par jour, les élèves ont une ____________________ d'un quart d'heure[1].

1 **un quart d'heure** eine Viertelstunde

2 *Traduis les phrases en français.*

1. Samstags geht Camille nicht in die Schule.

____

2. Dienstag ist der Geschichtslehrer nicht da.

____

3. Donnerstags geht Jérémie mit David ins Schwimmbad.

____

4. Jérémies Mutter arbeitet immer vormittags.

____

3 *Finis les phrases. Utilise le pronom relatif* où.
(→ Repères, p. 85/8)

un endroit[1]
une heure
un quartier de Paris
le collège
une matière

1 **un endroit** ein Ort

1. La Défense, c'est un quartier de Paris où il y a beaucoup de tours.
2. Un CDI, ______________________________
3. «Vie du collège», ______________________________
4. IDD, ______________________________
5. La cantine du collège, ______________________________
6. Georges Pompidou, ______________________________

4 *Remplis l'emploi du temps de tes rêves et explique ton choix dans ton cahier.* Fülle deinen Traumstundenplan aus und erkläre deine Wahl!

Je n'ai pas de cours de/d' ____ . J'ai des cours de/d' ____ .
J'ai ____ heure(s) de/d' ____ . Le (lundi), j'ai ____ .
J'ai / Je n'ai pas cours le matin / l'après-midi / le (mardi).

	LUNDI	MARDI	MERCREDI	JEUDI	VENDREDI	SAMEDI

1 *Vrai ou faux? Coche la bonne case.* (→ Texte, p. 74)

	V	F
1. Les Menas habitent en face de l'appartement de Jérémie.	☐	☐
2. Jérémie rencontre les Menas trois fois par jour.	☐	☐
3. Les Gloesener ont une solution pour le problème du chien.	☐	☐
4. S.V.T., c'est la matière préférée de Jérémie.	☐	☐
5. Madame Bonbin, c'est la prof de technologie.	☐	☐
6. Pour Lila et Sébastien, les maths, c'est l'horreur.	☐	☐
7. Le prof d'allemand s'appelle Monsieur Giraud.	☐	☐
8. Jérémie lit «l'Avare» de Victor Hugo.	☐	☐
9. La quatrième C a trop de devoirs en maths.	☐	☐
10. Jérémie a une bonne note en arts plastiques.	☐	☐

2 Lire *ou* écrire: *choisis le bon verbe et complète les phrases.* (→ Les verbes, p. 164)

1. J'__________ comme un chat, mais toi tu __________ bien.
2. En français, nous __________ des poèmes de Victor Hugo.
3. Jérémie __________ un blog où il parle de son chien et de sa vie au collège. Et vous, vous __________ le blog de Jérémie.
4. Ma copine est très bonne en français: elle __________ des poèmes qui sont super.
5. Je __________ beaucoup de revues. Et toi?
6. Nous __________ un mail à notre copain: c'est son anniversaire.
7. Jérémie et Lila __________ un poème pour Yasmina.
8. – Qu'est-ce que tu __________ ?
   – Je __________ un poème de Victor Hugo.
9. Regarde, ils __________ aussi une revue .
10. – Vous __________ souvent à vos correspondants?
    – Non, pas trop.

3 *Décris[1] Alice et Yann. Utilise des adjectifs.* (→ Repères, p. 85/5)

bon brun curieux drôle grand nul
méchant moyen petit serviable sympa

Alice est assez petite. Elle est __________

____

____

____

____

1 **décris** beschreibe

4 *Regarde le dessin. Donne[1] un prénom à ces personnages et décris-les[2]. Utilise le pronom relatif* qui *et les adjectifs que tu connais.* (→ Repères, p. 85/5; p. 85/8)

Paul, c'est le garçon qui regarde ______________________

____

____

____

____

1 **donner** geben 2 **décrire** beschreiben

5 *Décris la journée de Julien. Utilise* du / de la / de l' / des / à / aux. (→ Repères, p. 84/3)

Il est huit heures, il va de la maison au collège. ______________________

____

____

____

____

____

6 12 *Écoute les phrases. Quel verbe est-ce que tu entends? Complète le tableau.* (→ Les verbes, p. 163; Méthodes, p. 153/2)

attendre	entendre
David attend	

4

7 Écouter *ou* entendre? *Complète les phrases.* (→ Les verbes, p. 163)

1. Camille est dans sa chambre et __________ des CD. Elle n'__________ pas le téléphone qui sonne.
2. Eh, les enfants, je parle! __________, s'il vous plaît!
3. Les Menas __________ la radio, mais ils __________ encore Chaipas.
4. Tu __________ ? Ce sont les enfants qui rentrent de l'école.
5. Les élèves __________ Monsieur Giraud: ses cours sont très intéressants.
6. Bon, qu'est-ce qu'on __________ ? Diam's ou Amel Bent?

8 *Les Gloesener essaient de trouver une solution au problème de Chaipas. Imagine leur discussion. Tu peux utiliser les expressions suivantes:*

demander aux grands-parents   C'est dur.   C'est l'horreur.   C'est cool.   *demander* l'autorisation
fermer les yeux   *être* d'accord   *parler* aux Menas   ne pas *faire* de cadeaux

____

____

____

____

9

1 *Qu'est-ce qu'on apprend sur:* (→ Texte, p. 77)

Monsieur Laval? ____________________

la quatrième C? ____________________

la classe de neige? ____________________

2 *Note les expressions qu'on peut utiliser pour parler de l'école et des cours dans ton cahier.* (→ Texte, p. 77)

3 *Complète ces mots-croisés.* (→ Texte, p. 77)

«Je veux bien aller au cinéma, mais je veux [1] faire mes devoirs.
– Je ne comprends pas l'exercice, il est trop [2].
– C'est [3], l'exercice n'est pas [10].»
Quatre semaines, c'est un [4].
«Vie au collège» [5] le jeudi après-midi.
Huit heures de cours et les devoirs, c'est l'horreur!
Ce n'est pas [11]!
On pense aux problèmes, mais on [6] vite.
Attends, j'arrive [7].
On travaille du matin au [8], ce n'est pas [9]!
Versailles, c'est [12] Paris.

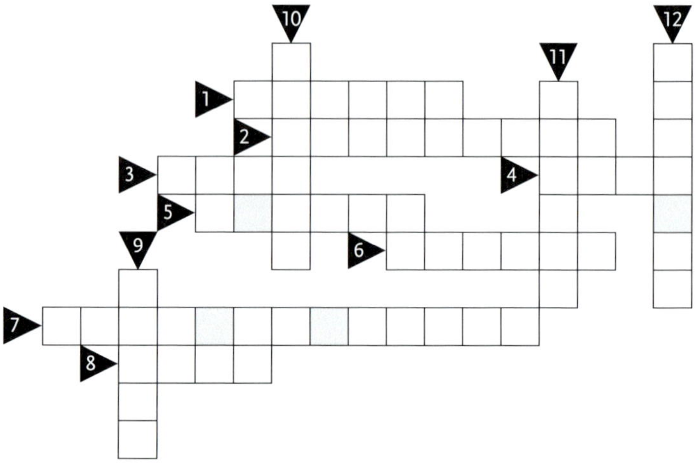

4 *Complète le message par les pronoms relatifs* où, qui *ou* que/qu'. (→ Repères, p. 85/8)

Adresse
Liens Démarrage de Internet Guide des chaînes Infos sur Internet Explorer Le meilleur du Web Personnalisation des liens

Salut, Jeanne! J'écris mon mail entre des exercices de maths et des exercices de physique! Le lundi est un jour ________ je déteste! On a huit heures de cours avec des profs ________ attendent[1] trop des élèves et ________ pensent que leur matière est la plus importante[2]. Mais demain, c'est cool, on a musique avec une prof ________ a beaucoup d'idées et ________ on adore. Après les cours, je vais chez ma copine Sarah. Elle habite dans un quartier ________ il y a des magasins sympa. Sarah est une fille ________ j'aime bien et ________ est très serviable. Et elle a un frère ________ je trouve super! Il est dans une école ________ on peut apprendre le chinois[3]. Et toi, ça va? Quand est-ce que tu viens chez moi? @ + Coralie

1 **trop attendre de qn** von jdm viel erwarten 2 **le/la plus important/e** der/die/das wichtigste 3 **le chinois** Chinesisch

5 **a** *Imagine des fins de phrases possibles. Utilise* où, qui, que/qu'. (→ Repères, p. 85/8)

1. J'aime les endroits[1] ______________________________ .
2. «Ordimax», c'est un magasin ______________________________ .
3. La physique est une matière ______________________________ .
4. J'aime les profs ______________________________ .
5. Mon copain habite dans un quartier ______________________________ .
6. Paris est une ville[2] ______________________________ .
7. Le judo est un sport ______________________________ .
8. Le hip hop est une musique ______________________________ .

1 **un endroit** ein Ort 2 **une ville** eine Stadt

b *Imagine des débuts de phrases.*

1. ______________________________ que j'aime bien.
2. ______________________________ qui est assez curieuse.
3. ______________________________ où on adore aller.
4. ______________________________ que j'écoute souvent.
5. ______________________________ où on retrouve les copains le mercredi après-midi.
6. ______________________________ qu'il fait le mercredi.
7. ______________________________ qui sont grands, drôles et sympa.

6 *Forme des phrases avec les pronoms relatifs* qui, que, où. *Écris dans ton cahier.* (→ Repères, p. 85/8)

Exemple:
Yasmina aime photographier.
Yasmina, qui est une copine de Lila et Camille, aime photographier.

1. Yasmina aime photographier.
2. Le centre s'appelle «Léon Bourgeois».
3. Les livres sont intéressants.
4. Le collège est à Courbevoie.
5. M. Laval et Mme Pasquier attendent les élèves à la gare.
6. Les devoirs ne sont pas faciles.
7. Les pistes de Serre Chevalier sont magnifiques.
8. Les moniteurs sont sympa.

7 **a** *Fais une fiche pour le verbe* vouloir. (→ Les verbes, p. 165; carnet, p. 90)

b *Complète les mini dialogues par des formes de* pouvoir *et* vouloir. (→ Les verbes, p. 165)

1. – Est-ce que vous ________________ parler de la classe de neige?
   – Oui, mais on ________________ d'abord parler de nos problèmes.

2. – Monsieur, est-ce que je ________________ ouvrir la fenêtre?
   – Oui, si tu ________________ .

3. – Madame, nous ________________ entrer dans la classe?
   – Oui, vous ________________ .

4. – Est-ce qu'il y a des élèves qui ne ________________ pas aller à Serre Chevalier?
   – Moi, Monsieur. Je ne ________________ pas aller là-bas, je préfère Courchevel.

8 *Qu'est-ce que le père peut dire à son fils? Forme des phrases. Utilise* il (ne) faut (pas) + *infinitif.* (→ Repères, p. 85/6)

1. Papa, je ne trouve pas mes rollers.

____

____

2. Je suis nul en maths.

____

____

3. On n'a plus de lait on n'a pas assez d'œufs.

____

____

4. La prof d'allemand n'est pas contente de moi.

____

____

5. Demain, c'est l'anniversaire de Bastien.

____

____

6. Madame Michelet trouve que je parle trop pendant ses cours.

____

____

7. Mélanie est méchante avec moi.

____

____

8. Pfff! J'ai encore trop de devoirs pour demain!

____

____

1 **a** *Complète le texte avec les mots suivants.* (→ Texte, p. 80–81)

chamois
écoutent
premier
gare
se baladent
poisson
stress
train
soirées
semaine
élèves
montagne
dos
centre
animaux
ski

La quatrième C est à la ________________ de Lyon.

C'est le ________________ : Lila et Jonathan ne sont pas encore là ...

Dans le ________________ , il y a de l'ambiance. Les élèves discutent,

________________ de la musique ...

À dix-huit heures, la quatrième C arrive au ________________ Léon Bourgeois.

Pendant une ________________ , les élèves font du ________________ .

Ils sont dans la ________________ du parc des Écrins. Ils ________________ .

Les élèves voient des ________________ , des ________________ .

Le ________________ Avril, Monsieur Laval a un ________________ dans le

________________ . Ici, c'est différent: les ________________ et les profs rigolent ensemble.

Pendant les ________________ , Lila chante avec sa guitare, les élèves discutent et rigolent beaucoup.

b *Est-ce que les élèves sont contents de leur voyage? Justifie ta réponse à l'aide du texte et écris dans ton cahier.*

2 **a** *Au parc des Écrins: complète le texte par les formes du verbe* voir. (→ Les verbes, p. 165)

Jonathan: Jérémie, où est Camille? Je ne la

________________ pas.

Jérémie: Je ne sais pas ... Yasmina, tu la

________________ , toi?

Yasmina: Non, je ne la ________________ pas.

Colin et Lila: Mais nous, nous la ________________ ,

elle est là-bas, derrière Élias. Vous la

________________ maintenant?

Oui, maintenant, Jérémie et Yasmina

________________ leur amie, mais Jonathan ne la

________________ toujours pas ...

b Voir *ou* regarder? *Complète les phrases.* (→ Les verbes, p. 163/165)

1. Les élèves de la quatrième C ne ________________ pas la télé au centre Léon Bourgeois.
2. Hou, Hou! Où est-ce que vous êtes, on ne vous ________________ pas!
3. Les jeunes sont dans la salle et ils ________________ le film de leurs camarades.
4. On peut ________________ Lila qui chante avec sa guitare.
5. Jérémie, ________________ ! Je ________________ un chamois!

4

3 **a** Unterstreiche die Nomen, die durch direkte Objektpronomen ersetzt werden.
(→ Repères, p. 85/7)

1. Les élèves aiment bien Monsieur Giraud et il les aime bien aussi.
2. Jérémie cherche sa veste dans son sac, mais il ne la trouve pas.
3. Les cours de Monsieur Dupont ne sont pas très intéressants, mais les élèves l'écoutent.
4. Lila regarde un chamois qui la regarde aussi.

b *Léa et Léo sont très différents. Regarde les dessins et réponds aux questions.*

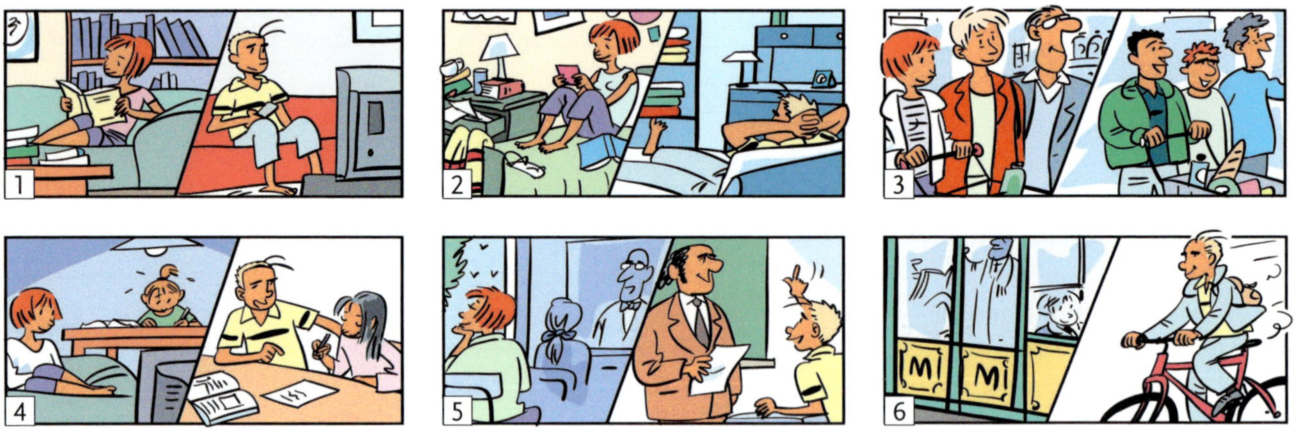

1. Est-ce qu'ils aiment les livres?

Léa les aime, mais Léo ne les aime pas.

____

2. Est-ce qu'ils rangent leur chambre?

____

____

3. Est-ce qu'ils font les courses pour leurs parents?

____

____

4. Est-ce qu'ils aident leur sœur?

____

____

5. Est-ce qu'ils aiment les cours?

____

____

6. Est-ce qu'ils prennent le métro?

____

____

4 *Complète les phrases par* me/m', te/t', nous, vous.
(→ Repères, p. 85/7)

Petit portfolio de français

Mit dem Portfolio kannst du deine Französischfortschritte in den verschiedenen Bereichen Hören, Lesen, Sprechen, Schreiben und Landeskunde in diesem Lernjahr feststellen. Schlage dein Portfolio hierzu regelmäßig auf, am besten, nachdem du einen „bilan autocorrectif“ abgeschlossen hast.
Gehe die einzelnen Punkte durch und schätze dich selbst ein. (→ Eiffelturm)

Nom, prénom ______________________

Date de naissance ______________________

Adresse ______________________

____

Nom de mon école ______________________

Adresse de mon école ______________________

____

Classe ____________ Année scolaire 20 ______ – 20 ______

Nom de mon professeur de français ______________________

Dans ma famille, on parle

____

Avec mes amis, je parle

____

Sprachen, die ich schon gelernt habe

____

Was ich über Frankreich weiß

____

____

____

____

____

____

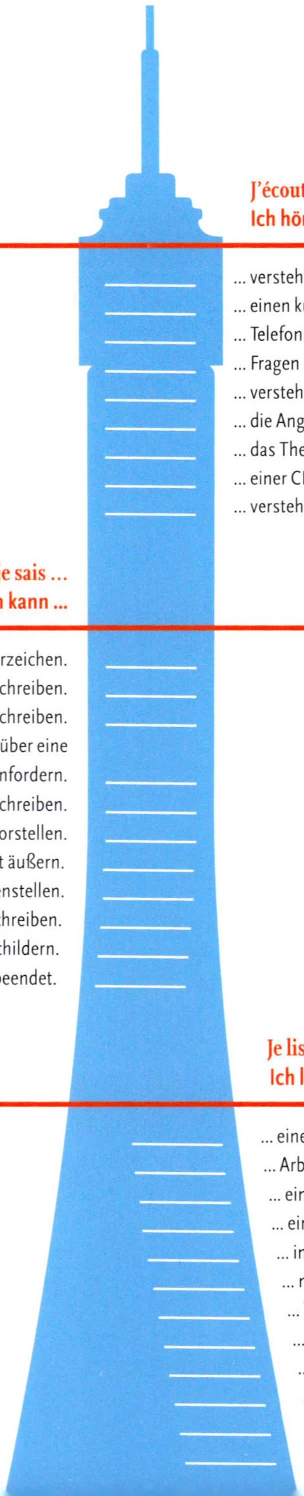

J'écoute et je sais ...
Ich höre und ich kann ...

... verstehen, wenn jemand über seine Pläne, seine Interessen und seine Schule spricht.
... einen kurzen Dialog, ein Interview oder eine kurze Geschichte verstehen.
... Telefonnummern, Preise, die Uhrzeit verstehen.
... Fragen über mich / meine Interessen / meine Familie / meine Freunde verstehen.
... verstehen, was eingekauft werden soll.
... die Angaben einer Verkäuferin zu Kleidungsstücken verstehen.
... das Thema eines kurzes Gespräches verstehen, auch wenn ich nicht alle Wörter kenne.
... einer CD zum Lehrwerk folgen.
... verstehen, wenn mir jemand eine U-Bahn-Route erklärt.

J'écris et je sais ...
Ich schreibe und ich kann ...

... das französische Alphabet mit den Sonderzeichen.
... eine E-Mail schreiben.
... meinen Stundenplan aufschreiben.
... ein Fax an das Fremdenverkehrsamt schreiben und Prospekte und Informationen über eine Stadt / eine Region anfordern.
... einen Text über die Sehenswürdigkeiten meines Wohnortes schreiben.
... mich, meine Familie, meine Freunde, meine Stadt in einem Brief vorstellen.
... meine Meinung über Themen wie z. B. Schule, Mode, soziales Engagement äußern.
... eine Einkaufsliste zusammenstellen.
... eine Person beschreiben.
... einen Tagesablauf schildern.
Ich weiß, wie man einen Brief beginnt und beendet.

Je lis et je sais ...
Ich lese und ich kann ...

... einen Stundenplan verstehen.
... Arbeitsanweisungen in meinem Buch und meinem Arbeitsheft verstehen.
... einen Brief oder eine E-Mail über Alltagsthemen verstehen.
... ein Rezept verstehen.
... in meinem Buch etwas nachschlagen.
... mit Hilfe einer Beschreibung jemanden identifizieren.
... Texte, die ich selbst geschrieben habe, selbst korrigieren.
... unbekannte Wörter aus dem Textzusammenhang oder mit Hilfe einer anderen Sprache erschließen.
... im französischen Internet Recherchen machen.
... leichtere Artikel aus Jugendzeitschriften verstehen.
... ein französisches Zeugnis verstehen.
... ein zweisprachiges Wörterbuch benutzen.

Petit portfolio de français

Je parle et je sais …
Ich spreche und ich kann …

… jemanden begrüßen / mich verabschieden.
… mich und meine Familie vorstellen.
… ein kurzes Einkaufsgespräch führen.
… jemanden nach seinem Namen/Wohnort/Befinden / seinen Hobbys/Interessen fragen.
… meinen Tagesablauf schildern.
… sagen, was ich (nicht) mag.
… etwas zum Essen und Trinken bestellen.
… über meine Leistungen in den verschiedenen Schulfächern sprechen.
… nach der Bedeutung eines französischen Wortes fragen.
… sagen, dass ich etwas (nicht) verstanden habe.
… eine Person beschreiben.
… für jemanden Alltagsgespräche dolmetschen.
… meine Meinung äußern und diskutieren.
… über die Zukunft reden.
… Vorschläge unterbreiten.
… Wünsche äußern.
… mich über den Schulalltag unterhalten.

La France et les français
Frankreich und die Franzosen

Ich kenne einige französische Regionen und Städte.
Ich kenne die Namen einiger französischer Persönlichkeiten und weiß, warum sie bekannt sind.
Ich habe etwas über Paris erfahren.
Ich weiß etwas über die Geographie Frankreichs.
Ich kann mich in der Pariser U-Bahn orientieren.
Ich kenne die Namen verschiedener Sehenswürdigkeiten in Paris.
Ich weiß etwas über das französische Schulsystem.
Ich weiß etwas über die französischen Essgewohnheiten.
Ich weiß etwas über die französischen Feste und Feiertage.

x noch nicht so gut
xx gut
xxx sehr gut

Mes activités pour mieux apprendre le français
Meine besonderen Beschäftigungen mit der französischen Sprache

Lire et écouter

Lectures / bédés / journaux / revues / ___ ☐ oui ☐ non

Quand?	auteur, titre
___	___
___	___

Films / émissions télévisées / émissions radiophoniques / spectacle ☐ oui ☐ non

Quand?	auteur, titre	thème
___	___	___
___	___	___

Écrire et parler

Exposés / présentations / productions ☐ oui ☐ non

Quand?	thème
___	___
___	___
___	___

Projets ☐ oui ☐ non

Quand?	thème	mes activités
___	___	___
___	___	___
___	___	___

Contacts (rencontres / téléphone / lettre / e-mail / chat / ___) ☐ oui ☐ non

Quoi?	Quand? (très souvent / souvent / pas très souvent / rarement)
___	___
___	___
___	___
___	___

1 **en bas** unten

5 *Quels mots est-ce qu'on peut remplacer par des pronoms d'objet direct? Réécris[1] le texte dans ton cahier.*
(→ Repères, p. 85/7)

Les journées passent vite au centre Léon Bourgeois. Aujourd'hui, les élèves ont cours avec Madame Pasquier. Ils font des jeux. Ils trouvent les jeux super. Après, ils marchent dans la montagne avec un moniteur. Les élèves aiment bien le moniteur. Il dit aux élèves: «Regardez là-bas, je vois des chamois!» On voit bien les chamois dans la neige. Ensuite, les jeunes rentrent au centre et discutent de la fête du 2 avril. Ils préparent la fête avec Monsieur Laval.

1 **reécris** schreib noch mal

6

7 **a** *Trouve les questions à ces réponses. Utilise* quel/s *ou* quelle/s. (→ Repères, p. 84/4)

1. ____________________ — Mon nom est Marie-Cécile Moreno.

2. ____________________ — La musique que je préfère, c'est le rap.

3. ____________________ — Nous sommes le 15 avril.

4. ____________________ — Il faut faire le numéro 3, page 42 et les numéros 4 et 5, page 43.

b *Trouve encore deux questions pour les poser à ton voisin / ta voisine. Il/Elle répond.*

8 15 *Écoute les phrases et coche quand tu entends le son* [e].

1 ☐ 2 ☐ 3 ☐ 4 ☐ 5 ☐ 6 ☐ 7 ☐ 8 ☐ 9 ☐ 10 ☐ 11 ☐ 12 ☐

La France en direct

9 **a** *Lis ces informations sur Briançon. Que veulent dire les mots* été, hiver, altitude, frontière, monuments?

Briançon

ville et station de montagne

Avec ses 1326 mètres d'altitude qui en font la plus haute ville d'Europe, Briançon (sous préfecture des Hautes-Alpes) est une ville de montagne et une station de sports d'hiver qui fait partie du domaine skiable de Serre Chevalier. À seulement cinq heures en TGV de Paris, elles est une destination idéale pour les vacances d'été comme d'hiver, véritable paradis pour les sportifs, vous pouvez en été y exercer des activités comme la randonnée, le VTT, l'alpinisme, le parapente, le rafting, etc. et en hiver y faire des balades en raquettes, du ski de fond et alpin et du snowboard. À partir de Briançon, vous pouvez avec la télécabine du Prorel skier sur le domaine de Serre Chevalier et ses 20 km de pistes ou aller à la frontière franco-italienne qui est à 12 km pour skier dans la station de Montgenèvre. Grâce à son patrimoine historique, le ministère de la culture labellise Briançon «ville et pays d'art et d'histoire.» Vous pouvez visiter la ville fortifiée, les forts de Vauban et les monuments briançonnais.

b *Coche les bonnes réponses.* (→ Méthodes, p. 154/2)

1. ☐ Briançon est une ville et une station de montagne des Alpes.
2. ☐ À Briançon, on peut faire du sport toute l'année[1].
3. ☐ Briançon est intéressante pour les personnes qui aiment l'histoire et la culture.
4. ☐ Briançon est idéale pour les vacances, mais pas l'été.
5. ☐ On peut aller à Briançon en TGV.
6. ☐ Il n'y a pas beaucoup de pistes skiables[2].
7. ☐ Briançon est près de l'Italie[3].

1 **toute l'année** das ganze Jahr über 2 **les pistes skiables** Skipisten 3 **L'Italie** Italien

Bilan autocorrectif

1 Vocabulaire

Retrouve dix noms de matières scolaires et écris-les.

____

____

2 Qu'est-ce qu'on dit?

Traduis les phrases.

1. – Welchen Tag haben wir?

____

2. – Wir haben den zweiten April.

____

3. – Donnerstags hat Léo zwei Stunden Französisch. Das ist sein Lieblingsfach.

____

4. – Wir könnten ein Gedicht lernen.

____

5. – Ich bin einverstanden, aber wir müssen zunächst über die Reise sprechen.

____

6. – Mein Bruder spielt Fußball und macht Judo. Ich fahre Ski. Und du?

____

7. – Ich treibe keinen Sport.

____

4

3 Die Relativpronomen Les pronoms relatifs

Complète le texte par où, qui *ou* que.

M. Laval, ________ est le professeur principal de la quatrième C, prépare un voyage avec ses élèves. Ils veulent aller en classe de neige dans une station ________ est près de Briançon et ________ s'appelle Serre Chevalier. C'est une station ________ M. Laval aime aller parce qu'il y a beaucoup de pistes. Il apporte des dépliants ________ les élèves regardent. Le centre ________ ils veulent aller s'appelle Léon Bourgeois.

4 Der Fragebegleiter „quel“ Le déterminant interrogatif «quel»

Du unterhältst dich mit einem/einer jungen Franzosen/Französin. Frage ihn/sie:

1. wie er/sie heißt.

____

2. wie alt er/sie ist.

____

3. welche Musik er/sie am liebsten mag.

____

4. welche Sportarten er/sie mag.

____

5. welche Schulfächer er/sie am liebsten mag.

____

5 Les adjectifs

Complète les phrases par des adjectifs de l'unité 4.

1. Dédé et Jojo sont très ______________ .
2. Victor est ______________ en français.
3. Anne travaille bien à l'école, ses parents sont ______________ .
4. Elles sont ______________ en allemand.
5. Julien et Paul sont ______________ de la prof de maths.
6. La valise est trop ______________ .

6 Der zusammengezogene Artikel mit „de“ L'article contracté avec «de»

Complète le texte.

Voilà les élèves ________ quatrième C. Dans un mois, ils vont en classe de neige. Aujourd'hui, ils discutent ________ voyage avec leur prof principal. Ils regardent des photos ________ centre et ________ station où ils veulent aller, sur un dépliant. Il y a aussi des photos ________ pistes et ________ moniteurs.

7 Das direkte Objektpronomen Le pronom d'objet direct

a *Complète par des pronoms d'objet direct.*

b *Traduis les phrases.*

1. Wo bist du? Ich sehe dich nicht.

____

2. Ich kann euch nicht helfen.

____

3. Warum wartest du nicht auf uns?

____

Die Lösungen findest du auf S. 102.

UNITÉ 5 *Des goûts et des couleurs*

Approches

1 *Qu'est-ce qui va ensemble? Note toutes les possibilités dans ton cahier.*

des pantalons   une robe   un anorak
une casquette   une veste   des chaussures
des pulls   des robes   un blouson

bleue   bleu   rouge
marron   noirs   gris   vertes
jaunes   blanche   blancs

2 *Décris les vêtements des personnages.* (→ Texte, p. 90)

Rémi porte ______________________________

____

____

Pauline a ______________________________

____

____

Faïza ______________________________

____

Enzo ______________________________

____

3 *Écris les prix en toutes lettres.*

____

____

____

4

SÉQUENCE 1

1 *Formule six questions sur le texte, pour tes camarades.* (→ Texte, p. 92–93)

____

____

____

____

2 *Complète les phrases par* ce/cet/cette/ces. (→ Repères, p. 105/3)

3 *Que dit le monsieur? Utilise un déterminant démonstratif et un nom.* (→ Repères, p. 105/3)

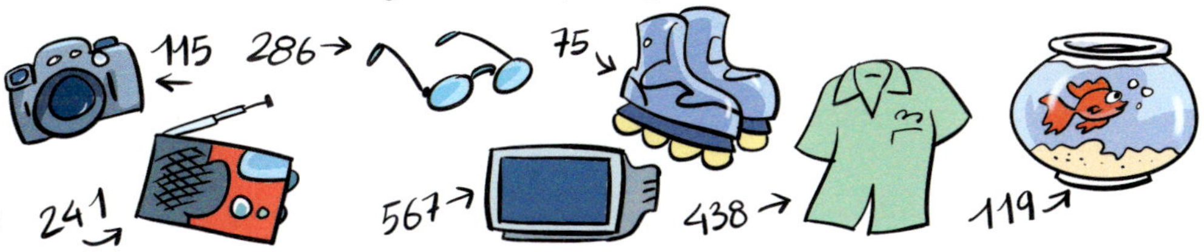

Le numéro 115 gagne[1] cet appareil photo.

____

____

____

1 **gagner qc** *ici* etw. gewinnen

4 Ses *ou* ces? *Complète.*

1. *Madame Gloesener:* Lou, où est ton frère?

   Lou: En ville avec ________ copines, tu sais, ________ filles de Courbevoie.

2. *Monsieur Diouf:* Mais c'est votre fils là-bas avec ________ deux chiens! Dites, ce sont ________ chiens?

   Monsieur Gloesener: Non! Il promène[1] ________ chiens pour gagner un peu d'argent.

3. *Jérémie:* ________ photos sont super. Ce sont les photos de Yasmina?

   Lila: Oui, ce sont ________ photos. Regarde, c'est moi, sur ________ deux photos.

1 **promener** spazieren führen

5 *Complète les phrases par des formes de* mettre *et traduis-les dans ton cahier.* (→ Les verbes, p. 164)

1. Je ________________ beaucoup d'œufs dans mon clafoutis.
2. Yasmina ________________ ses photos dans l'armoire.
3. Elles ________________ toujours des lunettes noires.
4. ________________ ton nom sur le test.
5. Tu ________________ la télé, s'il te plaît?
6. ________________ les phrases au pluriel, s'il vous plaît.
7. Il ________________ une lettre à la poste.
8. Les enfants ________________ la table.

6 *Complète les phrases par des formes des verbes* essayer *ou* payer. (→ Les verbes, p. 163)

Vendeuse: Vous voulez ________________ ce pantalon, Mademoiselle?

Yasmina: Je n'aime pas la couleur.

Vendeuse: Alors ________________ ce pantalon-là.

Lila: Il est super, ce pantalon! ________________ aussi ce tee-shirt.

Yasmina: Non, je n'aime pas la couleur. Je prends le pantalon.

Vendeuse: Vous ________________ à la caisse, s'il vous plaît.

Lila, elle, prend le tee-shirt. Les deux amies

________________ leurs vêtements et vont dans un autre magasin. Elles ________________ des jupes courtes.

Yasmina: Lila, tu ________________ aussi cette jupe?

Lila: Non, elle est trop chère. Je ne veux pas

________________ ce prix pour une jupe.

Vendeur: Je peux vous aider?

Lila: Nous ________________ ces jupes.

Vendeur: J'ai aussi d'autres jupes, elles sont super.

Vous pouvez les ________________ .

Lila achète une jupe jaune. Elle ________________ 20 euros, c'est une affaire.

7 **a** *Retrouve l'ordre des mots, puis écris les phrases. Pense à la ponctuation!*

1. de – aime – la – copain – porter – jupes – sœur – mon – des – longues

____

2. l' – dernière – plus – mes – je – de – n' – vêtements – année – aime

____

3. bleue – d'abord – Lili – prendre – autre – essaie – préfère - robe – une – mais – une – robe – elle

____

4. David – bien – ce – n' – aime – taille – pantalon – bonne – noir – mais – pas – la – ce – est

____

5. d' – rêve – mais – copine – ma – ses – ne – pas – piercing – un – parents – sont – petit – d'accord

____

6. tee-shirts – et – des – un – ils – jupe – achètent – marron – blouson – une – noire – blancs

____

b *À toi! Trouve deux phrases avec des adjectifs et présente-les comme en* **a** *pour ton/ta voisin/e qui retrouve l'ordre des mots. Écris dans ton cahier.*

8 *Note le vocabulaire des vêtements et de la mode que tu trouves dans les textes, p. 90 et 92–93 dans ton cahier.*

adjectifs	noms	verbes	expressions

9 *Choisis une situation et imagine un dialogue. Tu peux utiliser le vocabulaire de l'exercice numéro 8.*

5

1 *Relis le texte, puis complète.* (→ Texte, p. 97–98)

donner des bons arguments   Quelle horreur   est une mutilation   raté pour le piercing
une bonne ambiance   ne sont pas d'accord   son autorisation   reste calme
un piercing au coin de la lèvre   dit n'importe quoi   un bon moment   est vexée et quitte la table

La famille Mercier se retrouve à l'heure du dîner. Le dîner est ______

et il y a ______ . Lila veut un cadeau: ______

______ . Ses parents ______ .

Sa mère dit: ______ ! Son père pense qu'un piercing

______ . Il ne veut pas donner ______

______ . Son petit frère ______ pour la

provoquer, mais Lila ______ . Elle veut ______

______ à ses parents; mais Antoine la provoque encore. Alors, Lila ______

______ . C'est ______ .

2 *Écris dans ton cahier les différentes parties du corps que tu connais déjà et complète peu à peu ta liste.*

3 *Qu'est-ce qu'il y a sur la table? Complète. Utilise l'article partitif ou des.* (→ Repères, p. 105/4)

Sur la table, il y a du lait, ______

______

______

______

______

______

______

______

4

5 *Regarde le dessin pendant une minute et cache-le. Réponds maintenant aux questions. Utilise le pronom* en. (→ Repères, p. 106/5)

1. Est-ce qu'il y a des CD sur le dessin?
2. Combien de livres est-ce qu'il y a?
3. Est-ce qu'il y a des chaussures?
4. Combien de paires de boucles d'oreilles est-ce qu'il y a? ______
5. Est-ce qu'il y a beaucoup de DVD? ______
6. Combien de paires de lunettes noires est-ce qu'il y a? ______
7. Est-ce qu'il y a des chemises? ______

______

______

______

______

6 *Complète les phrases par des formes du verbe* boire. (→ Les verbes, p. 164)

7 *Lila et Yasmina veulent faire une fête. Complète les phrases par* le, la, les, du, de la, des *ou le pronom* en. (→ Repères, p. 105/4–106/5)

Yasmina: On fait les courses aujourd'hui ou demain?

Lila: On ______ fait aujourd'hui, après les cours non?

Yasmina: D'accord.

Lila: Moi, j'achète ______ jus d'orange. On est dix, alors j'______ prends cinq bouteilles.

Yasmina: D'accord. Moi, j'achète ______ jambon. J'______ achète combien?

Lila: Tu peux ______ acheter 300 grammes.

Yasmina: J'achète aussi ______ pain et ______ biscuits au chocolat. Jérémie ______ adore.

Lila: Eh, moi aussi, j'aime bien les biscuits au chocolat. Je prends ______ cornichons. David ______ aime.

Yasmina: Pas de problème. Est-ce qu'on fait ______ mousse au chocolat?

Lila: Je demande à Camille. Elle ______ fait souvent et elle ______ fait super bien. Peut-être qu'elle peut ______ faire avec nous.

8 *Note l'infinitif des verbes et leurs compléments.*

1. Monsieur Mercier offre des boucles d'oreilles à sa fille. offrir qc à qn ______
2. Antoine demande l'heure à sa mère. ______
3. Lila passe le pain à son frère. ______
4. Lila pose une question à son père. ______
5. Monsieur Mercier répond à sa fille. ______
6. Lila raconte son problème à Yasmina. ______

9 *Traduis les phrases. Utilise le complément d'objet indirect.* (→ Repères, p. 106/8)

______

______

______

______

______

______

______________________ ______________________ ______________________

______________________ ______________________ ______________________

10 *Trouve des fins de phrases possibles. Utilise* quand.

1. Chaipas est content ______________________
2. Les élèves discutent devant le collège ______________________
3. C'est bon signe ______________________
4. Jérémie ne peut pas rester calme ______________________
5. Jérémie et sa sœur préparent le dîner ______________________
6. Lila se lève à six heures ______________________

La France en direct

11 **a** *Lis ces réponses de jeunes à une revue et cherche les mots inconnus dans un dictionnaire.* (→ Méthodes, p. 157/1)

b *Et toi, tes frères et sœurs, ce sont des amis ou des ennemis? Écris dans ton cahier.* (→ Méthodes, p. 156/2)

Mon frère ne m'aime pas

«Quand je suis sympa avec lui, il m'insulte ou me tape.» *Anne, 13 ans*

On est très amis

«On fait beaucoup de choses ensemble, on est très amis, mais on se dispute souvent.» *Charlotte, 13 ans*

C'est l'horreur

«J'ai trois petites sœurs et un petit frère. Quand ils font n'importe quoi, mes parents ne disent rien. Pour moi, c'est un problème. Je rêve d'être fille unique.» *Éléonore, 13 ans*

Se disputer, c'est nul

«Je me dispute avec ma sœur, mais je l'aime.» *Enrico, 13 ans*

Ce n'est pas facile

«Je l'aime, mais elle m'énerve. J'adore me disputer avec ma sœur. Alors, je la provoque et elle m'insulte. Quand elle pleure, mes parents m'engueulent (et pas elle).» *Bastien, 13 ans ½*

Beaucoup de disputes!

«Je me dispute avec eux pendant deux heures et après on est amis jusqu'à la dispute suivante. Mais je les aime.» *Zoé, 14 ans*

SÉQUENCE 3

1 **a** *Trouve un contraire des mots suivants.* (→ Méthodes, p. 152/4)

grand/e ≠ ______________	beau/belle ≠ ______________
aimer qc ≠ ______________	pour ≠ ______________
ringard/e ≠ ______________	un peu ≠ ______________
bien ≠ ______________	après ≠ ______________
sous ≠ ______________	long/ue ≠ ______________
avec ≠ ______________	compliqué/e ≠ ______________
nul/le ≠ ______________	différent/e ≠ ______________

b *Forme six phrases avec des mots de* **a** *. Tu peux utiliser plusieurs mots par phrase. Écris dans ton cahier.*

Ce pantalon est trop petit, ce n'est pas ma taille.

2 *Complète les phrases par* ce qui *ou* ce que/qu'. (→ Repères, p. 106/9)

3 **a** *Complète les phrases par une forme de* beau *ou* nouveau. (→ Repères, p. 106/6)

b *Forme quatre phrases avec des adjectifs en* -eux.

1. Les filles sont ____________________
2. ____________________
3. ____________________
4. ____________________

4

Fais l'exercice auditif de la page 98.

5 *Et toi, tu es pour ou contre le piercing? Donne ton avis à Lila. Écris dans ton cahier.*

Bilan autocorrectif

1 **Die Stellung des Adjektivs** La place de l'adjectif

Souligne les adjectifs qui, en général, sont placés devant le nom.

bleu court grand bon moche intéressant jeune dernier magnifique beau long dangereux sale joli normal malheureux nouveau différent ringard petit

2 **Vocabulaire**

Qu'est-ce que c'est? Écris les noms avec l'article indéfini.

____

____

3 **Qu'est-ce qu'on dit?**

Qu'est-ce que tu dis dans ces situations? Relie.

Ton ami/e veut faire du roller sur la rue. [1]
Ta copine achète un pull à 250 euros. [2]
Ton copain essaie un pantalon trop étroit. [3]
Une copine porte un pull et un pantalon bleus. [4]
Un copain hésite à demander de l'aide. [5]
Ta sœur achète deux pulls pour le prix d'un. [6]
Ton frère dit ce qu'il pense à ses copains. [7]

[a] C'est une affaire.
[b] Ce n'est pas la bonne taille.
[c] Ce pantalon va bien avec ton pull.
[d] C'est dangereux.
[e] Dis toujours.
[f] Tu as raison.
[g] Non, mais je rêve!

4 **Der Demonstrativbegleiter** Le déterminant démonstratif

Complète les phrases par un déterminant démonstratif.

– Eh, regardez ________ bel anorak!

– L'anorak rouge? Moi, je préfère ________ anorak bleu. Et toi, Chloé?

– Je n'aime pas les anoraks ... Je voudrais bien essayer ________ jupe, je peux?

– Oui, bien sûr, on est là pour ça! Essaie aussi ________ tee-shirt et ________ veste avec. C'est très joli ensemble. Lucas, regarde ________ super blouson, tu ne veux pas l'essayer?

– Non, Je n'aime pas la couleur. Moi, je voudrais essayer ________ deux chemises. Et toi, tu ne veux pas essayer quelque chose?

– Moi, je ne veux pas de vêtements. Je voudrais essayer ________ boucles d'oreilles et ________ lunettes.

5 Der Teilungsartikel L'article partitif

Qu'est-ce qu'il faut pour la mousse au chocolat? Réponds. Utilise* du, de la, des.

* **il faut** + *nom* man braucht

6 Das Pronomen „en“ Le pronom partitif «en»

Réponds aux questions. (→ exercice 5)

1. Est-ce qu'il faut des œufs pour faire de la mousse au chocolat?

2. Est-ce qu'il faut du chocolat?

3. Est-ce qu'il faut du lait?

7 Die Pronomen „ce qui“ und „ce que“ Les pronoms «ce qui» et «ce que»

Traduis ces phrases.

1. Mein Bruder versteht nicht, was gefährlich ist.
2. Er weiß nicht, was ich mag oder nicht.
3. Er findet schön, was ich hässlich finde.
4. Er weiß nicht, was schön ist.
5. Er weiß nicht, was er will.

Die Lösungen findest du auf S. 103.

UNITÉ 6 S'engager

Approches

1 *Forme, à l'aide des dessins, des phrases avec les verbes* dormir, partir *ou* sortir. (→ Les verbes, p. 164)

Les enfants ______________________

____

Nous ______________________

____

Je ______________________

____

Les copains ______________________

____

Tu ______________________

____

Vous ______________________

____

David ______________________

____

Elle ______________________

____

2 *Complète les phrases par des formes du verbe* venir *ou* aller. (→ Les verbes, p. 164–165)

1. Je ______________ au cinéma. Tu ______________ avec moi?
2. Alors, vous ______________ ? Philippe nous attend!
3. Quand est-ce que tes copains ______________ te voir à Paris ?
4. Est-ce que David ______________ aussi ou est-ce qu'il ______________ à la piscine?
5. Je ______________ à deux heures et on ______________ chez Lila, d'accord?
6. Nous ______________ de Marrakech, et vous?
7. Jérémie, ______________ vite! C'est Yasmina au téléphone.

3 *Complète les phrases par des formes du verbe* courir. (→ Les verbes, p. 164)

1. – Où est-ce que tu ______________ comme ça?

   – Je ______________ à mon cours de guitare.
2. Les élèves du collège Jean Moulin ______________ contre la faim.
3. – Et vous, est-ce que vous ______________ aussi pour cette action?

   – Bien sûr, nous aussi, nous ______________ aussi contre la faim avec notre collège.
4. Ne ______________ pas si vite, s'il te plaît. Je ne peux pas ______________ avec mes nouvelles baskets.
5. Ma sœur et moi, on ______________ quatre kilomètres par jour avec nos deux chiens.

1 **a** *Vrai* V, *Faux* F, *Je ne sais pas* ?. *Coche la bonne case.* (→ Texte, p. 113)

	V	F	?
1. Les élèves de la 4ᵉ C organisent une fête pour une école du Mali.	☐	☐	☐
2. Yasmina parle encore un moment à Monsieur Giraud après le cours.	☐	☐	☐
3. Jérémie et Lila parlent de leurs héros: Yannick Noah et Solenne Figuès.	☐	☐	☐
4. Yasmina s'intéresse aux gens qui font quelque chose pour les enfants malades.	☐	☐	☐
5. Yasmina montre à ses copains le papier qu'elle a trouvé dans sa poche.	☐	☐	☐
6. Jérémie sait qui a écrit ce papier: c'est un camarade de classe.	☐	☐	☐
7. Il a fait cela parce qu'il a perdu au handball contre Yasmina.	☐	☐	☐

b *Corrige les phrases fausses.*

____

____

____

____

2 *C'est mercredi après-midi. Jérémie et ses copains discutent. Complète les phrases par* (moi) aussi *ou* (moi) non plus.

Yasmina: Moi, j'aime et j'admire les gens qui font quelque chose contre le racisme.

Camille: ____________________! Je trouve que c'est très important. Ce que fait Thierry Henri contre le racisme est super.

Jérémie: Yannick Noah s'engage ____________________ contre le racisme. Et il s'engage ____________________ pour les gens défavorisés.

Camille: Oui, c'est vrai, il sait s'engager. Mais je n'aime pas trop ses chansons.

David: ____________________. Je le préfère champion de tennis.

Lila: Tu parles comme mes parents. Ils n'aiment pas trop ses chansons ____________________. Pourtant elles sont bien!

Yasmina: Arrêtez! Vous parlez toujours des gens célèbres, mais moi, je parle du racisme.

Les copains: ____________________, Yasmina!

Jérémie: Tu sais, Yasmina, quand ce sont des personnes célèbres qui s'engagent, les gens s'intéressent plus[1] aux problèmes.

Lila: Ça, c'est bien vrai. Dites, vous avez déjà écouté «Marine»? C'est une chanson de Diam's contre le racisme. ____________________, elle s'engage beaucoup.

Yasmina: Oui, elle est très humaine.

1 **plus** mehr

6

3 **a** *Tu ne connais peut-être pas tous ces mots, mais tu connais un mot de la même famille. Complète le tableau.*

adjectif	nom	verbe
	le rêve	rêver
	l'organisation	organiser
raciste	le racisme	
	le coureur / la coureuse	courir
	le chateur/euse	chanter qc
	le/la gagnant/e	gagner
	le/la perdant/e	perdre
	la natation	nager
magique	la magie	
pâle	la pâleur	
	le regard	regarder
	l'admiration	admirer

b *Complète les phrases avec des mots de* **a** . *Tu peux utiliser plusieurs de ces mots par phrase.*

1. Mon copain ne peut pas courir avec nous contre la faim parce qu'il est malade.
2. Il y a des gens qui veulent toujours gagner et qui ne savent pas perdre.
3. J'admire cette coureuse, c'est une grande championne.
4. Nicolas veut organiser une fête pour l'anniversaire de sa mère.
5. Ma sœur s'intéresse beaucoup à la magie.
6. Quand Théo regarde Lili avec ses grands yeux bleus, elle devient pâle.
7. Le rêve de Céline, c'est de nager avec des dauphins.

4 *Mets les verbes entre parenthèses au passé composé.* (→ Repères, p. 124/3)

1. – Est-ce que tu sais qui a fondé *(fonder)* les Restos du cœur?
   – Bien sûr, c'est Coluche. Il a eu *(avoir)* une super idée qui marche très bien.
2. – Alors, vous avez gagné *(gagner)* au foot?
   – Non, on a perdu *(perdre)* 4 à 0.

3. – Jusqu'à quelle heure est-ce que vous avez attendu (*attendre*) Camille et David.

– Jusqu'à quatre heures. Après, on a continué (*continuer*) à parler de la fête.

4. – Alors, tu as demandé (*demander*) à tes parents pour samedi?

– Oui, mais ils ont répondu (*répondre*) non.

5. – Ça ne va pas, Coralie? Tu es très pâle!

– Si ça va, mais j'ai été (*être*) malade. J'ai mangé (*manger*) trop de chocolat.

5 *Mets ces phrases au passé composé dans ton cahier.* (→ Repères, p. 124/3)

1. Pendant les cours, les élèves ne travaillent pas beaucoup parce qu'ils discutent de la fête de l'école.
2. Ils ont beaucoup d'idées: ils organisent des jeux et un spectacle et ils préparent aussi un buffet[1].
3. La fête est un succès[2]. Les profs et les parents aiment beaucoup le spectacle et les jeux. Tout le monde adore le buffet.
4. Aujourd'hui, les élèves ne travaillent pas non plus parce qu'ils parlent de la fête de samedi.

1 **le buffet** das Buffet 2 **être un succès** ein Hit sein

La France en direct

6 **a** *Dans quelle poubelle doit-on jeter[1] ces objets[2]?*

b *Quand tu ne sais pas dans quelle poubelle mettre tes déchets[3], qu'est-ce que tu fais? Est-ce que tu peux mettre les déchets dans un sac? Écris dans ton cahier.*

1 **jeter** wegwerfen 2 **l'objet** *m.* der Gegenstand 3 **le déchet** der Abfall

1 *Écris une légende pour les dessins.* (→ Texte, p. 116–117)

2 *Imagine, en quelques phrases (au moins deux), la réaction de Martin Dubois. Écris dans ton cahier.* (→ Texte, p. 116–117, l. 71–81)

3 **a** *Le corps*[1]*: retrouve les dix noms et écris-les avec l'article défini.*

A	B	C	M	A	I	N	D	E	N	E	Z
O	R	E	I	L	L	E	F	P	I	E	D
G	J	A	M	B	E	H	I	Y	E	U	X
J	C	O	E	U	R	K	L	M	D	O	S
N	L	È	V	R	E	O	T	Ê	T	E	P

b *Quels sont les objets qui vont avec les nom de* **a** *?*
Écris les paires de mots.

les boucles   les chaussures   le pantalon
les lunettes   la casquette   le mouchoir[2]   la bague[3]

1 **le corps** der Körper 2 **le mouchoir** das Taschentuch 3 **la bague** der Ring

4 *Relis le texte, p. 116, puis note dans ton cahier le vocabulaire qu'on peut utiliser pour parler d'une course à pied.*

5 **a** *Complète les phrases par les formes du verbe* devoir *au présent de l'indicatif.* (→ Les verbes, p. 164)

1. ________ 2. ________ 3. ________ 4. ________ 5. ________ 6. ________

b *Qu'est-ce qu'on peut dire pour* devoir *en allemand? Traduis les phrases de* **a** *dans ton cahier.*

6 *Qu'est-ce qu'ils ont dit? Mets ces phrases au passé composé. Utilise les éléments suivants.* (→ Repères, p. 124/3, p. 125/5)

l'été dernier   hier   pendant les vacances
la semaine dernière   ce matin   lundi dernier

1. *(Nous sommes mardi)* Je ne peux pas aller chez ma copine.

   (Nous sommes mercredi) Hier, je n'ai pas pu aller chez ma copine.

2. *(Jeudi 12 février)* Je dois préparer un exposé sur Molière.

   (Jeudi 19 février) ____________________

3. *(Ce sont les vacances)* Nous faisons un voyage à Marrakech et nous voyons beaucoup de choses.

   (C'est la rentrée) ____________________

4. *(C'est l'été)* On passe nos vacances à la montagne et on fait de l'escalade.

   (C'est l'automne) ____________________

5. (Il est huit heures moins vingt) On court pour avoir le bus de huit heures moins le quart.

   (Il est midi) ____________________

6. *(Lundi 4 juin)* Mathilde ne peut pas venir avec moi à la piscine.

   (Samedi 9 juin) ____________________

7

1 *Trouve au moins quatre questions sur le texte, p. 120, et pose-les à ton/ta voisin/e qui répond à tes questions.*

2 **a** *Retrouve le participe passé ou l'infinitif des treize verbes cachés dans la grille. Écris le participe passé des verbes à l'infinitif, et l'infinitif des verbes au participe passé.* (→ Repères, p. 125/4)

T	R	A	V	A	I	L	L	E	R
A	É	C	O	L	E	D	S	N	E
B	P	O	É	O	L	B	U	T	Y
L	O	U	T	R	O	U	V	E	R
E	N	R	É	S	J	A	U	N	E
S	D	S	U	R	A	R	E	D	S
P	R	É	P	A	R	É	S	U	U
R	E	V	A	C	U	I	E	I	L
I	U	E	C	O	U	R	U	E	T
X	A	M	O	N	D	E	S	D	A
E	U	R	O	T	E	L	E	I	T
P	A	L	E	É	C	R	I	T	S

b *Forme maintenant cinq phrases au passé composé avec des verbes de* **a** .

3 *Qui dit quoi? Relie.*
(→ Repères, p. 124/3)

a

b

c

d

e

1. ☐ Nous sommes nés le même jour.
2. ☐ Cette année, nous ne sommes pas partis en vacances.
3. ☐ Je suis partie de la fête à dix heures.
4. ☐ Je suis né en octobre.
5. ☐ Nous sommes parties avec Samantha.

5 **a** *Raconte ce que Léo a fait au passé composé dans ton cahier.* (→ Repères, p. 124/3)

1. *aller* chez un copain

2. *arriver* devant la maison / *sonner*

3. *entrer* dans la maison / *monter* dans sa chambre

4. *rester* deux heures

5. *descendre* / *sortir* de chez son copain

6. *rentrer* à la maison

7. le soir / *revenir* avec des CD

8. *repartir* de chez son copain à dix heures

b *Raconte l'histoire de* **a** *avec Pauline comme personnage principal. Écris dans ton cahier.*

6

Fais le double V page 94 avec ton voisin / ta voisine.

7 *Complète le texte par les expressions suivantes.*

ce jour-là hier il y a *(2 x)* le mois dernier très vite un jour après

Jérémie est arrivé à Paris et il a rencontré Yasmina ______________ dix mois.

______________ , Yasmina a pris Jérémie et Chaipas en photo. ______________ , ils sont allés au collège et ______________ , ils sont devenus amis.

______________ six mois, le collège Georges Pompidou a décidé d'organiser une fête pour une école du Mali. ______________ , les élèves ont discuté du programme avec leur prof principal et ______________ la fête a eu lieu.

8

9 *Questions pour un champion: trouve deux ou trois questions comme celle du texte, p. 120, ligne 12 et pose-les à tes camarades.* (→ Petit dictionnaire de civilisation, p. 166)

Voici quelques mots utiles:

l'écrivain[1]

le musicien[2]

l'homme politique[3]

____

____

1 **l'écrivain** der Schriftsteller 2 **le musicien** der Musiker 3 **l'homme politique** der Politiker

La France en direct

10 **a** *Choisis une de ces personnes et fais un portrait. Utilise le passé composé.*

Solenne Figuès

*	le 6 juin 1979
en 1985	partir avec sa famille – en Nouvelle-Calédonie[1]
	nager – dans un club de natation – à Nouméa[2]
	revenir – en France
en 1993	entrer dans un club de natation – à Toulouse
	faire la connaissance de son mari[3] Arnaud
en 2002	devenir kinésithérapeute[4]
en 2004	avoir – une médaille – aux Jeux Olympiques
	avoir l'idée d'aider des enfants malades
en 2005	créer l'association «La magie d'un rêve»
en 2005	être – championne du monde

Coluche

*	le 28 octobre 1944
	sa famille – venir – du nord de l'Italie
en 1969	devenir acteur
de 1970 à	écrire des sketches
sa mort	créer un groupe de théâtre
	travailler souvent pour la télé
	faire beaucoup de films
	devenir célèbre
	aider les personnes défavorisées
en 1985	créer les «Restaurants du cœur»
†	le 19 juin 1986, dans un accident de moto[5]

1 **en Nouvelle-Calédonie** nach Neukaledonien *französisches Überseegebiet im Pazifik* 2 **Nouméa** *Hauptstadt von Neukaledonien* 3 **le mari** der Ehemann 4 **le/la kinésithérapeute** [lə/lakineziteʀapøt] der/die Krankengymnast/in 5 **l'accident de moto** *m.* der Motorradunfall

b *Écris une mini-biographie de «ton héros». Tu peux utiliser les expressions de* **a** .

Bilan autocorrectif

1 Vocabulaire

Remplace les mots ou expressions soulignés par d'autres mots ou expressions qui veulent dire la même chose.

1. La vie est magnifique.
2. Les élèves ont parlé de la fête avec leur prof.
3. Ils veulent préparer beaucoup d'activités différentes.
4. Ce livre dit des choses intéressantes sur la vie de Coluche.
5. Il y a beaucoup de gens à la fête.
6. J'ai vu Max il y a 30 minutes.

2 Conjugaison

Complète le tableau.

courir	devoir	dormir	descendre	sortir	venir
je cours					
	tu dois				
		il/elle/on dort			
			nous descendons		
				vous sortez	
					ils/elles viennent

3 Le participe passé

Écris le participe passé de ces verbes dans la bonne colonne.

aller apprendre attendre avoir courir descendre dire
dormir entrer être faire imprimer partir perdre sortir

-é	-du	-i	irrégulier

6

4 Le passé composé

Complète le texte par des verbes au passé composé.

Mes copains ______________ *(arriver)* et puis on ______________ *(aller)* au ciné. On ______________ *(voir)* «L'âge de glace». Après, on ______________ *(discuter)* encore un peu et je ______________ *(renter)* chez moi. J'______________ *(faire)* mes devoirs. Après, j'______________ *(lire)* et j'______________ *(téléphoner)* à mon amie Anne. Ensuite j'______________ *(devoir)* aider ma sœur à faire ses devoirs. À huit heures, on ______________ *(préparer)* le dîner. À dix heures, je ______________ *(aller)* au lit et j'______________ *(dormir)*.

5 Die Verneinung im Satz mit dem „passé composé" La négation avec le «passé composé»

Mets les phrases suivantes au passé composé.

1. Je mange trop de chocolat, mais je ne suis pas malade.

____

2. Mon copain vient chez moi, mais nous ne sortons pas.

____

3. Je regarde un film d'horreur à la télé et après je ne peux pas dormir.

____

6 Qu'est-ce qu'on dit?

Traduis les phrases dans ton cahier.

1. Quentin und sein Freund Paul haben sich vor einem Jahr bei einem Lauf kennen gelernt.
2. An diesem Tag hat Quentin Paul seine Hand gereicht, als er hingefallen ist.
3. Paul ist bleich geworden.
4. „Wo hast du Schmerzen?", hat Quentin gefragt.
5. „Mir tun die Beine und die Hände weh", hat Paul geantwortet.

Die Lösungen findest du auf S. 104.

UNITÉ 7 *C'est les vacances!*

Approches

1 *Dans cette grille se cachent 28 mots. Écris-les et souligne les mots qui ont un rapport avec la nature.*

A	I	M	R	D	I	T	V	O	I	R	U	E	S
E	F	O	U	L	E	O	I	P	V	E	G	O	P
F	U	N	A	I	T	I	L	Y	O	R	N	S	O
R	E	T	U	R	C	O	L	L	I	N	E	C	R
U	L	A	C	E	H	F	E	D	T	E	I	U	T
N	Z	G	I	X	A	H	U	N	U	A	G	E	S
B	O	N	U	O	M	A	M	I	R	M	E	C	P
P	L	E	U	V	O	I	R	V	E	I	T	A	I
L	I	V	R	E	I	L	E	A	D	E	T	R	R
A	L	P	O	I	S	S	O	N	S	P	O	N	T
N	A	T	A	T	I	O	N	I	C	I	C	E	S
Ê	T	R	E	M	J	E	A	M	H	I	É	Z	U
T	R	A	J	E	T	U	F	A	I	P	A	E	R
E	C	G	H	R	O	V	O	L	C	A	N	I	P

2 *Tu es dans l'un de ces endroits. Écris une carte postale à un/e ami/e français/e.* (→ Texte, p. 132; Méthodes, p. 155/1)

Paris

Serre Chevalier

1 *Coche le résumé qui correspond au texte.* (→ Texte, p. 135)

☐ 1. Camille et son frère passent leurs vacances en Bretagne, chez leur oncle et leur tante. Un jour, Camille écrit une lettre à son copain Jonathan, mais comme elle n'aime pas ce qu'elle a écrit, elle recommence sa lettre trois fois. Sa tante l'interrompt[1] parce que Jonathan est au téléphone.

☐ 2. Camille passe ses vacances en Bretagne chez son oncle et sa tante. Un jour, elle écrit à Jonathan. Elle ne trouve pas les mots pour dire à son copain de venir la voir, alors, elle recommence sa lettre. Sa tante l'appelle pour mettre le couvert, parce que c'est son tour. Le téléphone sonne, c'est Jonathan.

☐ 3. Camille et David passent trois semaines chez leur oncle et leur tante en Bretagne. Un jour, Camille écrit un mail à Jonathan parce qu'elle n'aime pas les lettres qu'elle doit toujours recommencer. Dans son mail, elle parle de ses activités et de la Bretagne. Sa tante l'interrompt parce qu'elle doit mettre le couvert et répondre à Jonathan qui est au téléphone.

1 **interrompre qn** jdn unterbrechen

2

3 *Complète les questions par* qu'est-ce qui *ou* qu'est-ce que/qu'. (→ Repères, p. 146/5)

1. Mais enfin, ________________ est dangereux ici?

2. Allons, allons! ________________ se passe?

3. ________________ tu prends, Julien?

4. Alors, ________________ il écrit? Raconte!

5. ________________ elle aime, Sonia?

6. Mais ________________ a bien pu te brûler comme ça?!

4 *Qu'est-ce que Camille va faire aujourd'hui? Qu'est-ce qu'elle ne va pas faire? Forme les phrases au futur composé.*
(→ Repères, p. 145/3)

1. ______________________________

2. ______________________________

3. ______________________________

4. ______________________________

5. ______________________________

6. ______________________________

5 *Ajoute les terminaisons* -ez, -er *ou* é.

Des touristes veulent visit________ la ville de Brest. Le guide demande: «Est-ce que vous av________ déjà visit________ cette ville? Qu'est-ce que vous voul________ visit________ en premier: le château ou Océanopolis? Ou est-ce que vous préfér________ d'abord all________ voir le port? Bon, eh bien, nous allons commenc________ notre visite. Nous allons explor________ Océanopolis» Pendant la visite, les touristes ont pos________ beaucoup de questions.

6 *Coralie a écrit cette lettre à sa correspondante Meike. Lis la lettre et imagine la réponse de Meike. Écris dans ton cahier.*
(→ Méthodes, p. 155/1)

1 **tous les ans** jedes Jahr
2 **inviter qn** jdn einladen

Chère Meike,
Chouette! Dans une semaine, c'est les vacances. En juillet, ma cousine va venir passer deux semaines chez nous parce que ses parents travaillent. On va aller à la piscine et faire de longues balades à vélo. J'aime bien Céline (c'est la fille de la sœur de ma mère). Elle est super serviable et elle raconte toujours des histoires drôles, on rigole bien ensemble.
En août, comme tous les ans[1], on va partir au bord de la mer, à Arcachon. On va faire du camping pendant trois semaines. Le coin est super sympa et j'ai des copains qui, comme moi, viennent tous les ans. Je suis très contente de retrouver Lucas. C'est un copain de Belgique. Il m'invite[2] toujours chez lui, à Bruxelles, mais mes parents ne sont pas trop d'accord… Je suis super contente parce que je vais faire du surf avec Lucas: il va m'apprendre.
Et toi, comment vas-tu? Quand est-ce que tu es en vacances? Qu'est-ce que tu vas faire? Réponds-moi vite!

Je t'embrasse
Coralie

1 *Réponds aux questions dans ton cahier.* (→ Texte, p. 138–139)

1. Où sont Jérémie et sa sœur? Pour combien de temps?
2. Pourquoi est-ce qu'ils sont venus avec Chaipas?
3. Quel est le programme de leur journée?
4. Est-ce que tout le monde est d'accord pour le programme de demain? Pourquoi?

2 *Complète les phrases par les prépositions* à, au, en, du, de, loin de *ou* près de.

1. Jérémie est né ______________ Luxembourg, mais il vit ______________ France, ______________ la Défense.
2. Bamako, c'est ______________ Afrique, c'est la capitale ______________ Mali.
3. Karim est ______________ Marrakech, mais il habite ______________ Paris.
4. On va passer nos vacances ______________ Provence, ______________ Nîmes.
5. L'île d'Ouessant, c'est ______________ Bretagne. Ce n'est pas ______________ Brest.
6. Mon correspondant habite ______________ Potsdam, c'est ______________ Berlin.
7. Quelle est la capitale ______________ Luxembourg?
8. Aix-la-Chapelle? Mais c'est ______________ Allemagne! Ce n'est pas ______________ Bonn.

3 *Complète le texte par des pronoms d'objet:* le, la, l', les *ou* lui, leur. (→ Repères, p. 146/4)

Aujourd'hui, Jérémie et Lou restent chez leurs grands-parents pour se reposer. Ils ______________ disent que demain, ils vont visiter Aix-la-Chapelle. Lou ______________ répond qu'elle préfère rester à Echternach avec Chaipas, mais Madame Gloesener ne veut pas ______________ laisser seule à la maison. Lou ______________ dit qu'elle pourrait aussi passer la journée de demain chez son amie Lili. Madame Gloesener est d'accord, mais elle pense qu'il faut ______________ téléphoner. Lou cherche son numéro de téléphone, mais elle ne ______________ trouve pas. Jérémie ______________ donne le numéro et Lou téléphone à son amie. Quelle bonne surprise! Lili et ses parents sont contents de revoir Lou, ils ______________ aiment bien. Ils ______________ invitent à aller à la piscine avec eux demain. La grand-mère de Lou fait des gâteaux pour ______________ offrir à Lili et sa famille.

4 *Complète par un pronom d'objet indirect:* me/m', te, lui, nous, vous *ou* leur. (→ Repères, p. 146/4)

1. Vous ________________ donnez votre numéro de portable?
2. Qui ________________ a acheté ça?
3. C'est la fille d'à côté qui ________________ a donné cette bédé.
4. Je ne sais pas quand ça commence ... Je vais téléphoner à Lise pour ________________ demander.
5. Tes parents aiment le bleu. On ________________ rapporte ça?
6. Vous ________________ appelez ce soir?

5

La France en direct

6 **a** *Lis cette publicité de l'UCPA et cherche les mots inconnus dans un dictionnaire.* (→ Méthodes, p. 157/1)

b *Réponds aux questions. Écris dans ton cahier.* (→ Méthodes, p. 154/2)

1. L'UCPA, qu'est-ce que c'est?
2. Qui peut passer ses vacances avec l'UCPA?
3. Quels sports est-ce qu'on peut pratiquer?
4. Où est-ce que l'UCPA organise des vacances?
5. Qu'est-ce qui est compris dans le prix des séjours?

c *Explique à un/e ami/e ce qu'est l'UCPA.*

1 *Résume le texte à l'aide des éléments suivants. Écris dans ton cahier.* (→ Texte, p. 142)

1. Le 14 juillet, Jérémie et ___ .
2. Les parents de Jérémie et de Lila vont acheter ___ .
3. Jérémie veut donner ___ .
4. Lou va ___ .
5. Il fait nuit, Lila demande ___ .
6. Jérémie a peur, ___ .

2 *Qu'est-ce qu'ils demandent? Réponds et utilise l'interrogation indirecte. Écris dans ton cahier.* (→ Repères, p. 146/6)

3 *Quelles phrases correspondent à quels dessins? Note leur numéro et explique à quoi / à qui se réfèrent les pronoms comme dans l'exemple.* (→ Repères, p. 146/4)

1. Elle leur en donne. La fille donne des biscuits à ses copains.
2. Il les lui offre. ______
3. Il les lui rend. ______
4. Il le lui achète. ______
5. Elle lui en achète une. ______
6. Il la lui offre. ______

4

Fais l'exercice auditif de la page 99.

5 *Pour le plaisir! Qu'est-ce que tu sais sur la France? Teste tes connaissances! Parfois, il y a plusieurs réponses possibles.*
(→ Petit dictionnaire de civilisation, p. 166)

1. Il est à Paris:
   - le parc de la Tête d'Or.
   - le parc André Citroën.
   - le parc des Buttes-Chaumont.

2. La place du Tertre, à Paris, est
   - à Montparnasse.
   - à la Bastille.
   - à Montmartre.

3. Elle est à Paris:
   - l'île Saint-Louis.
   - l'île de la Cité.
   - l'île de France.

4. À Lyon, il y a
   - la Seine.
   - le Rhône.
   - la Saône.

5. C'est un quartier de Lyon:
   - la Croix-Rose.
   - la Croix-Rouge.
   - la Croix-Rousse.

6. Nîmes est
   - en Provence.
   - en Camargue.
   - en Auvergne.

7. Le pont du Gard
   - est tout nouveau.
   - a au moins cent ans.
   - date des Romains.

8. Les crêpes sont une spécialité
   - d'Auvergne.
   - de Normandie.
   - de Bretagne.

9. C'est une ville en Bretagne:
   - Vannes.
   - Brest.
   - Quimper.

10. «CDI» veut dire:
    - Centre de DVD et d'Information.
    - Centre de Documentation et d'Information.
    - Centre des Devoirs et d'Information.

11. En France, il n'y a pas de cours
    - de religion.
    - de musique.
    - de latin.

12. En France, c'est une très bonne note:
    - un «un».
    - un «dix».
    - un «vingt».

13. Le 1er avril, en France, on met
    - un chat en papier dans le dos des gens.
    - un poisson en papier dans le dos des gens.
    - une méduse en papier dans le dos des gens.

Lyon

La Bretagne

La Bretagne

Bilan autocorrectif

1 Vocabulaire

Trouve au moins huit mots pour chaque rubrique:

la famille: ______________________________

____

la nature: ______________________________

____

2 Qu'est-ce qu'on dit?

Du bist in der Bretagne und du willst ausdrücken, dass …

1. es heute regnet und das Wasser kalt ist.
2. gestern aber schönes Wetter war.
3. der Strand unweit vom Haus ist und du es liebst zu schwimmen.
4. es im Augenblick aber viele Quallen gibt und man aufpassen muss.

____

____

____

____

3 Die Frage mit „Qu'est-ce qui?“ L'interrogation avec «Qu'est-ce qui?»

Complète par qu'est-ce qui *ou* qu'est-ce que, ce qui *ou* ce que.

4 Das futur composé Le futur composé

Qu'est-ce qu'ils vont faire? Qu'est-ce qu'ils ne vont pas faire? Forme les phrases au futur composé.

1. Yasmina / ~~rester à Paris~~ / *partir* pour le Maroc pendant les vacances.

   ____

2. Chaipas / ~~rentrer à Paris~~ / *rester* à Echternach, chez les grands-parents.

   ____

3. Camille et David / ~~partir avec leur mère~~ / *passer* trois semaines chez leur oncle.

   ____

4. Nous? Nous / ~~aller en Bretagne comme l'an dernier~~ / *inviter* des amis à la maison.

   ____

5. Et vous? Qu'est-ce que vous / *faire* pendant les vacances?

   ____

5 Die indirekten Objektpronomen Les pronoms d'objet indirect

Complète les phrases.

1. *Antoine:* Quand est-ce que tu as écrit à ta grand-mère?

   Marie: Je ne ____________ ai pas encore écrit.

2. *Céline:* Qu'est-ce que tu as montré de Marseille à tes copains?

   Julie: Je ____________ ai montré le Vieux Port, la Canebière ...

3. *Kévin:* Tu penses que tes parents vont te gronder?

   Maxime: Non, mais ils vont ____________ demander pourquoi je rentre si tard.

4. *Madame Dubois:* Alors, vos copains sont venus?

   Justine: Oui, ils ____________ ont fait une super surprise!

5. *Noémie:* Qu'est ce- que tu vas raconter à Loïc?

   Julien: Je vais tout ____________ dire.

6. *Sophie:* J'ai faim. Tu n'as pas quelque chose à manger?

   Caroline: Je peux ____________ proposer une pomme.

6 Die indirekte Frage L'interrogation indirecte

Lis et transforme les questions de l'exercice 5. Utilise l'interrogation indirecte. Écris dans ton cahier.

Die Lösungen findest du auf S. 105.

ANNEXE

Kopiervorlage

INFINITIF	Terminaison	Régulier ☐ Irrégulier ☐	Particularité

	PRÉSENT	IMPÉRATIF
	Je/J'	
	Tu	
	Il/Elle/On	
	Nous	
	Vous	
	Ils/Elles	

se conjugue comme:	PASSÉ COMPOSÉ
IMPARFAIT	FUTUR

INFINITIF	Terminaison	Régulier ☐ Irrégulier ☐	Particularité

	PRÉSENT	IMPÉRATIF
	Je/J'	
	Tu	
	Il/Elle/On	
	Nous	
	Vous	
	Ils/Elles	

se conjugue comme:	PASSÉ COMPOSÉ
IMPARFAIT	FUTUR

Tandem Unité 2/1

So könnt ihr mit einem Tandembogen arbeiten:

1 Ihr übt erstmal mündlich:

1. Legt fest, wer Voisin A und wer Voisin B ist.
2. Faltet den Bogen entlang der Mittellinie.
3. Voisin A hat die linke, Voisin B die rechte Spalte vor sich.
   Voisin A formuliert seine Frage auf Französisch. Voisin B, der nur die rechte Spalte vor sich sieht, formuliert die Antwort auf Französisch.
   Voisin A, der die Lösung vor sich hat, hilft, wenn es nötig ist. Danach liest er den nächsten Satz vor.
4. Nach einem Durchgang wechselt ihr die Rollen.

2 Anschließend übt ihr schriftlich: A und B schreiben jeweils ihre Sätze auf und kontrollieren sie.

3 Unten ist ein freies Feld, in das ihr ein selbst erdachtes Beispiel hineinschreiben könnt.

Mit diesem Tandembogen übt ihr die Possessivbegleiter. Voisin A ist zu Besuch bei Voisin B. Sie schauen sich Fotos an.

Voisin A

A: Du möchtest wissen, wer das Mädchen mit dem Hund ist.
B: C'est ma sœur. Elle est avec Jojo, notre chien.

A: Du fragst nun, wie alt seine/ihre Schwester ist.
B: Elle a douze ans. Elle cherche toujours ses affaires.

A: Du betrachtest ein anderes Foto und möchtest wissen, ob es die Eltern deines Freundes / deiner Freundin sind.
B: Oui, ce sont mes parents. Ils sont avec leurs copains de Montréal et leurs enfants.

A: Du fragst, wer der Junge ist, der vor Voisin Bs Vater steht.
B: C'est mon frère. Il a dix-huit ans.

A: Du möchtest nun wissen, wer der Junge mit den Inlineskates ist.
B: C'est moi! Je suis avec les enfants de nos voisins dans leur jardin.

A: ______________________________

B:

Voisin B

A: La fille avec le chien, c'est qui?
B: Es ist deine Schwester mit eurem Hund Jojo.

A: Elle a quel âge, ta sœur?
B: Sie ist zwölf Jahre alt und sucht immer ihre Sachen.

A: Ce sont tes parents sur la photo?

B: Du bejahst und erklärst, sie sind zusammen mit ihren Freunden und deren Kindern aus Montreal.

A: Le garçon devant ton père, c'est qui?
B: Das ist dein Bruder, er ist achtzehn Jahre alt.

A: Et le garçon avec les rollers, c'est qui?
B: Das bist du. Du bist mit den Kindern eurer Nachbarn (les voisins *m.*) in deren Garten.

A:

B: ______________________________

Mit diesem Tandembogen übt ihr die Mengenangaben.

Zum Geburtstag ihrer Freundin Marie möchten Voisin A und Voisin B einen Kirschkuchen backen und ein Geschenk kaufen.

Voisin A

A: Du schlägst vor, einkaufen zu gehen: Es gibt keine Eier mehr, ihr habt nicht genügend Milch und auch kein Mehl.
B: Bon, alors achetons six œufs, deux litres de lait et un kilo de farine.

A: Du fragst, ob ihr genug Sahne habt.
B: Oui, on a encore un pot de crème.

A: Du fragst, ob ihr noch Kirschen habt.
B: Non, il n'y a plus de cerises.

A: Du schlägst vor, ein Glas Kirschen zu kaufen.
B: On achète aussi un cadeau?

A: Du sagst, du hast nicht viel Geld.
B: Moi, j'ai assez d'argent. On peut acheter un super cadeau.

A: Du erkundigst dich, was Marie mag.
B: Elle écoute beaucoup de musique, elle regarde beaucoup de films, elle aime le sport et la photo.

A: ______________________________

B:

Voisin B

A: On fait les courses? Il n'y a plus d'œufs, il n'y a pas assez de lait et on n'a pas de farine.
B: Du schlägst vor, sechs Eier, zwei Liter Milch und ein Kilo Mehl zu kaufen.

A: Est-ce qu'on a assez de crème?
B: Ja, es gibt noch einen Becher Sahne.

A: Est-ce qu'il y a encore des cerises?
B: Nein, es gibt keine Kirschen mehr.

A: Alors, achetons un bocal de cerises.
B: Du willst wissen, ob ihr auch ein Geschenk kaufen sollt.

A: Oui, mais je n'ai pas beaucoup d'argent.
B: Du hast genug Geld und schlägst vor, ein supertolles Geschenk zu kaufen. (super cadeau)

A: Qu'est-ce qu'elle aime, Marie?
B: Sie hört viel Musik, schaut viele Filme an, mag Sport und Fotografieren.

A:

B: ______________________________

Mit diesem Tandembogen übt ihr den Teilungsartikel und das Pronomen en.

Voisin A und Voisin B möchten für das Wochenende einkaufen. Sie sehen nach, was sie brauchen.

Voisin A

A: Du fragst, ob ihr noch Kartoffeln habt.
B: Oui, on en a encore deux kilos.

A: Du fragst, ob ihr Butter kaufen sollt.
B: Oui, il n'y en a plus.

A: Nun fragst du, ob ihr Wasser kauft.
B: Je ne sais pas. On en a encore trois bouteilles.

A: Du antwortest, dass ihr noch zwei Flaschen kauft und fragst, ob ihr Eier kaufen sollt.
B: Non, il y en a encore six. Mais il faut acheter du lait.

A: Du fragst, ob ihr Kekse kauft.
B: Bien sûr! On en achète deux ou trois paquets.

A: Du möchtest wissen, ob ihr Salat nehmen sollt.
B: Oui, on prend de la salade verte.

A: Du fragst, ob ihr noch Schinken habt.
B: Non, on n'en a plus. Alors on en prend 200g et on achète aussi des cornichons et du pain.

A: ______________________________

B:

Voisin B

A: Est-ce qu'on a encore des pommes de terre?
B: Du bejahst, und sagst, dass ihr noch zwei Kilo davon habt.

A: Est-ce qu'il faut acheter du beurre?
B: Du antwortest, dass es keine mehr gibt.

A: Est-ce qu'on achète de l'eau?
B: Du weißt es nicht. Ihr habt noch drei Flaschen.

A: Bon, on en achète encore deux bouteilles. Il faut acheter des œufs?
B: Du verneinst und sagst, dass es noch sechs gibt. Aber ihr müsst Milch kaufen.

A: On achète des biscuits?
B: Selbstverständlich! Du schlägst vor, zwei oder drei Päckchen zu kaufen.

A: Est-ce qu'on prend de la salade?
B: Du antwortest, dass ihr grünen Salat nehmt.

A: Est-ce qu'on a encore du jambon?
B: Du sagst, es gibt keinen mehr. Du schlägst vor, 200 g davon zu kaufen und auch Essiggurken und Brot.

A:

B: ______________________________

Double V ist ein Ratespiel für zwei – Voisin A und Voisin B. Jeder Voisin hat ein Raster vor sich. Jeder Voisin „versteckt" jedesmal etwas in den entsprechenden Spalten seines Rasters. In die andere Spalte tragt ihr die Antworten des Voisin ein.

Mit diesem double V sollt ihr durch Fragen im „passé composé" herausbekommen, was jemand gemacht hat.

1. Zunächst bestimmt ihr, wer Voisin A und wer Voisin B ist, und ergänzt euer Raster mit dem entsprechenden Buchstaben.
2. Voisin A bestimmt, was Lila und Yasmina gemacht haben (sechs Aktivitäten). Voisin B entscheidet, was David und Jérémie gemacht haben (sechs Aktivitäten). Ihr sollt also sechs Felder ankreuzen.
3. Voisin A soll nun herausfinden, was David und Jérémie gemacht haben. Voisin B soll herausbekommen, was Lila und Yasmina gemacht haben. Stellt euch wechselseitig Fragen.
4. Der andere Voisin antwortet entsprechend mit „Oui" oder „Non".
5. Für „Oui" tragt ihr ein +, für „Non" ein – in die entsprechende Spalte ein.
6. Dann überprüft ihr, ob ihr alles richtig verstanden habt: Ihr legt eure Raster nebeneinander und vergleicht sie.

So fragt Voisin A.

Exemple: Est-ce que David et Jérémie sont allés au bois de Boulogne?

So fragt Voisin B.

Exemple: Est-ce que Lila et Yasmina ont mangé du taboulé?

Voisin ___	Voisin A	Voisin B
	Lila et Yasmina	David et Jérémie
aller au bois de Boulogne		
venir à la fête		
aller au buffet		
manger du taboulé		
prendre de la salade		
reprendre de la mousse au chocolat		
boire du jus d'orange		
rester dans la cour		
entrer dans une salle de classe		
préparer des jeux de mathématiques		
répondre aux questions du concours		
organiser le «forum du rire»		
raconter des histoires drôles		
prendre des photos		
descendre dans la cour		
faire une partie de tennis de table		
écrire des poèmes		
imprimer des photos		
chanter des chansons		
écouter un concert		
téléphoner à un/e ami/e		
perdre 10 euros		
partir à neuf heures		

Tandem Unité 7/2

Mit diesem Tandem übt ihr die indirekten Objektpronomen. A und B unterhalten sich.

Voisin A

A: Du fragst, ob er/sie Pauline angerufen hat.
B: Non, mais je vais lui téléphoner tout de suite.

A: Du fragst, was er/sie ihr sagen wird.
B: Je vais lui raconter ce qui s'est passé.

A: Du findest , dass das richtig ist und sie alles wissen soll. Aber du vermutest, dass er/sie viele Fragen stellen wird.
B: Est-ce que je lui parle de la fête de Paul et Marie, samedi?

A: Du hältst das für selbstverständlich und überlegst, ob sie wohl kommen wird.
B: Je ne sais pas ... Qu'est-ce que tu vas offrir à Paul et Marie?

A: Du sagst, dass du ihnen eine DVD kaufen und einen Kuchen backen wirst. Anschließend gibst du die Frage zurück.
B: Je vais acheter une bédé à Paul et un CD à Marie.

A: Du erkundigst dich, ob B ihr die letzte CD von Raphaël kaufen wird. Das ist ihr Lieblingssänger.
B: Non, elle l'a déjà. Je vais lui offrir un CD d'Amel Bent.

A: ______________________________

B:

Voisin B

A: Tu as téléphoné à Pauline?
B: Du verneinst, erklärst aber, dass du sie sofort anrufst.

A: Et qu'est-ce que tu vas lui dire?
B: Du kündigst an, dass du ihr erzählen wirst, was passiert ist.

A: Tu as raison, elle doit tout savoir. Mais (je pense qu') elle va te poser beaucoup de questions.
B: Du willst wissen, ob du ihr etwas von Paul und Maries Fete am Samstag sagen sollst?

A: Bien sûr! Tu penses qu'elle va venir?
B: Du erklärst, dass du es nicht weißt, und fragst, was A Paul und Marie schenken wird.

A: Je vais leur acheter un DVD et je vais leur faire un gâteau aux pommes. Et toi?
B: Du sagst, du wirst Paul ein Comic und Marie eine CD kaufen.

A: Tu vas lui offrir le dernier CD de Raphaël? C'est son chanteur préféré.
B: Du erwiderst, dass sie sie schon hat und ergänzt, dass du ihr eine CD von Amel Bent schenken wirst.

A:

B: ______________________________

Exercices auditifs

Unité 1, p. 11

8 🎧3 *Écoute le texte et complète les adresses.* Höre dir die Ansage an und vervollständige die Adressen.

Mademoiselle Laura Daumier
_______ , _____________ Joncquoy
75014 Paris.

_______________ Jean-Louis Lecas
________ , rue de Dunkerque
75009 Paris

_______________ Nadine Gloesener
Tour Ève, ________ , place du Sud
92800 La Défense ________

Monsieur Ali Ibrahim
___________ Olivier Métra
75018 Paris.

_______________ PIERRE CALVET
________ , RUE MONTMARTRE
75002 PARIS.

Unité 2, p. 18

DELF **4** **a** 🎧5 *Écoute le texte, puis coche les phrases justes.* Höre dir den Text an und kreuze die Sätze an, die richtig sind.

1. ☐ Lucas est un copain de Philippe.
2. ☐ Philippe travaille dans sa chambre.
3. ☐ Il prépare un exposé pour demain.
4. ☐ La mère de Philippe cherche son fils dans l'appartement.
5. ☐ Philippe a une sœur.
6. ☐ Paul et David sont les frères de Philippe.
7. ☐ Philippe a des rollers.

b *Écoute le texte encore une fois et corrige les phrases fausses.* Höre dir den Text nochmal an und korrigiere die Sätze, die falsch sind.

____

____

____

____

____

____

3 🎧7 *Quelle heure est-il? Écoute et complète les montres[1].*

1 **la montre** die Uhr

DELF **6**

a 🎧8 *Qu'est-ce qu'ils (n')aiment (pas) faire? Qu'est-ce qu'ils adorent ou préfèrent faire? Qu'est-ce qu'ils détestent faire? Relie les phrases aux prénoms.*

aime écouter ses CD

préfère être au lit avec un livre

adore manger des biscuits

adore rêver

Myriam

Jérôme

préfère aller au cinéma

aime chanter

aime aller à la piscine

n'aime pas regarder la télé

déteste prendre le métro

déteste ranger sa chambre

déteste manger à la cantine

b *Et toi? Qu'est-ce que tu aimes, qu'est-ce que tu détestes? Écris dans ton cahier.*

DELF **10** 🎧9 *Écoute le texte et retrouve le trajet de Pauline (marque-le en rouge) et le trajet de Nicolas et Guillaume (marque-le en bleu).* Welche Strecke hat Pauline genommen? Zeichne sie in rot nach. Welche Strecke hat Guillaume genommen? Zeichne sie in blau nach. (Métroplan von Paris → Carnet, Umschlagseite)

Unité 4, p. 47, 53

DELF **9** 🎧13 *Coche les bonnes réponses.*

1. ☐ Adèle a un chat depuis deux semaines.
2. ☐ Il s'appelle Léonie et c'est un cadeau d'anniversaire.
3. ☐ Le chien déteste le chat.
4. ☐ Le père d'Adèle accepte[1] le chat.
5. ☐ Sa mère a des problèmes avec le chat.
6. ☐ Il est interdit dans la maison.
7. ☐ Adèle et son amie cherchent une solution.
8. ☐ La mère d'Adèle est à la maison.
9. ☐ La grand-mère téléphone à sept heures.

1 **accepter** akzeptieren

DELF **6** 14 *Écoute et coche le bon dessin.*

Unité 5, p. 58, 67

4 16 *Écoute et note le prix des différents vêtements.*

Une veste coûte ____________ euros, l'autre veste coûte ____________ euros. Le jean fait ____________ euros et le pull ____________ euros. La robe coûte ____________ euros, la chemise fait ____________ euros et la jupe coûte ____________ euros. Les trois vêtements font ____________ euros et ____________ euros avec 10 %.

DELF **4** 17 *Élodie veut avoir un tatouage*. Écoute d'abord le dialogue et coche ensuite la bonne réponse.*

1. ☐ Élodie a un problème: elle en discute avec deux copains.
   ☐ Élodie a un problème: elle en discute avec trois copains.
2. ☐ Elle veut avoir un grand tatouage dans le dos, mais ses parents sont contre.
   ☐ Elle veut avoir un petit tatouage dans le dos, mais ses parents ne sont pas d'accord.
3. ☐ Ses parents trouvent cela dangereux et sale.
   ☐ Ses parents trouvent cela sale et dangereux, moche et vulgaire.
4. ☐ Marion et du même avis que les parents d'Élodie.
   ☐ Marion trouve que les parents d'Élodie exagèrent.
5. ☐ Marion pense aussi que c'est moche de montrer un tatouage à la piscine.
   ☐ Marion pense aussi qu'un tatouage, c'est pour la vie, mais que les goûts changent.
6. ☐ Arnaud n'est pas contre les tatouages, mais il pense qu'Élodie peut attendre avant d'en avoir un.
   ☐ Arnaud adore les tatouages, et il pense que c'est l'affaire d'Élodie de décider.

* **le tatouage** die Tätowierung

Unité 6, p. 75, 78

7 18 *Écoute le dialogue et complète les résultats en toutes lettres.*

Fabienne Cordier est ____________ .

Max Laplace est ____________ .

Luc Baratier est ____________ .

Mathilde est ______________________ .

Sabrina est ______________________ .

Rachida a dû s'arrêter au ______________________ kilomètre.

Samuel a dû s'arrêter au ______________________ tour de piste.

DELF **8** 19 *Qu'est ce que Marion a fait dimanche matin? Écoute ce qu'elle raconte, puis corrige les phrases.*

1. Elle a pris son petit-déjeuner.

____

2. Marion et Nadia sont arrivées à la piscine à dix heures et demie.

____

3. Elles ont nagé et discuté avec des copains.

____

4. Elle a mangé à la piscine avec Nadia et elle est rentrée chez elle.

____

Unité 7, p. 82, 87

DELF **2** 20 *Écoute ce dialogue, puis coche ce que va faire Emma.*

1. ☐ Cette année, Emma va partir en vacances.
2. ☐ Elle va partir avec ses parents et des amis de ses parents.
3. ☐ Comme chaque année, elle va aller en Provence, à Saint-Raphaël.
4. ☐ Elle va faire du camping à Cassis.
5. ☐ Elle va faire des balades en mer avec le bateau de ses parents.
6. ☐ Elle ne va pas nager, mais elle va faire du vélo.
7. ☐ Elle va visiter Marseille en voiture.
8. ☐ Elle va passer deux jours à Nîmes.

4 21 *Qu'est-ce que Marie demande à sa copine? Réponds et utilise l'interrogation indirecte.*

Elle veut savoir ____

Elle lui demande ____

____

____

Solutions Bilan autocorrectif

Unité 1, Bilan autocorrectif, page 13

1

1. Salut, ça va?
2. Tu habites où?
3. Bonjour, Madame.
4. Je suis / Je m'appelle ___ . Je suis nouveau/nouvelle.
5. Tu t'appelles comment?
6. Au revoir, Monsieur.

Wenn du Probleme hattest:
→ Lies die Texte der Unité 1 noch einmal durch und suche nach den in den Lösungen angegebenen Redewendungen.
→ Schreibe dir die Sätze auf und versuche sie auswendig zu lernen.
→ Übe dann noch einmal mit Hilfe der Rubrik „Qu'est-ce qu'on dit" in den „Repères" auf Seite 25.
→ Wenn du Probleme mit der Rechtschreibung im Französischen hast, dann schreibe die Redewendungen auf.

2

1. Charlotte et Pauline regardent des photos.
2. – Le garçon sur la photo, c'est qui?
3. – C'est Karim, un garçon de Marrakech. Il est très sympa.
4. – Et les deux filles devant l'école, c'est qui?
5. – Ce sont Lili et Magali, des élèves de ma classe.
6. – Et le chien sur le balcon, c'est ton chien?
7. – Non, c'est le chien de Magali.
8. – Et la fille devant le collège, c'est Laura, une élève de ma classe.

→ Schau dir noch einmal die „Repères" 2 und 3 auf Seite 25 und 26 an.
→ Mache folgende Übung noch einmal:
Carnet, S. 9/2.

3

1. une veste, 2. des livres, 3. une documentaliste, 4. un professeur 5. des élèves, 6. des cahiers, 7. un sac

→ Lerne die verschiedenen Wörter mit Hilfe der „Liste chronologique des mots" auf Seite 171 deines Schülerbuches.

4

- Marie et Philippe, vous êtes dans la classe de Jérémie?
- Oui, nous sommes / on est dans sa classe.
- Et toi? Tu es dans sa classe aussi?
- Non, je suis dans la classe de Léa.
- Léa, c'est qui?
- Elle est en quatrième D.
- Charlotte et Magali sont aussi en quatrième D, non?
- Oui, elles sont aussi dans la classe de Léa.
- Eh, Philippe et Caroline, ils ont le livre d'allemand?
- Oui, ils ont le livre.
- Et David? Il a aussi son livre?
- Je ne sais pas. Et toi, tu as ton livre d'allemand?
- Euh ... non, mais j'ai mon livre d'anglais.
- Philippe et Caroline ont aussi le livre d'anglais.

→ Schau dir noch einmal „Les verbes" auf Seite 163 an.
→ Mache die folgenden Übungen noch einmal:
Livre, S. 15/3, S. 19/5, S. 28/6;
Carnet, S. 7/4.

5

1. – Lou, tu as mon film d'Astérix?
   – Ton film d'Astérix? Non.
   Son film est dans son sac!
2. – Lou, je cherche ma revue.
   – Ta revue? Hm ... Je ne sais pas.
   Sa revue est sur sa veste!
3. – Lou, tu as mes photos des vacances?
   – Tes photos? Ah, non!
   Ses photos sont devant ses livres!

→ Schau dir die „Repères" 4 auf Seite 26 noch einmal an.
→ Mache die folgenden Übungen noch einmal:
Livre, S. 18/3, S. 19/4;
Carnet, S. 7/5, S. 8/6.

Unité 2, Bilan autocorrectif, page 26

1

a
1. Je m'appelle / Je suis (ton nom).
2. J'habite (numéro) rue/place (nom) à (Berlin).
3. J'ai (13) ans.
4. J'aime (le sport, surtout le handball, et la musique), je n'aime pas (la photo et les livres).
5. (Je vais à la piscine deux fois par semaine. Je ne range pas souvent ma chambre.)

→ Lies die Texte der Unité 2 noch einmal durch und suche nach den in den Lösungen angegebenen Redewendungen.
→ Schreibe dir die Sätze auf und lerne sie auswendig.
→ Übe dann noch einmal mit Hilfe der Rubrik „Qu'est-ce qu'on dit" in den „Repères" auf Seite 44.
→ Wenn du Probleme mit der Rechtschreibung im Französischen hast, dann schreibe die Redewendungen mehrmals ab.

b
1. Et toi, tu as quel âge?
2. Tu habites où?
3. Qu'est-ce que tu aimes? Qu'est-ce que tu n'aimes pas?
4. Est-ce que tu vas souvent au ciné?

2
1. – Les enfants sont là?
   – Non, ils sont avec leurs copains.
2. Voilà votre chambre.
3. – On arrive et ton frère file!
   – Il est toujours avec ses copines.
4. Ce sont vos enfants?
5. C'est ta chambre?
6. – Nos parents aiment notre appartement.
7. – Moi aussi, j'aime bien votre appartement.
8. – Ah, ils cherchent toujours tout!
   – Ça, c'est leur problème!

→ Schau dir noch einmal die „Repères" 4 auf Seite 44 an.
→ Mache folgende Übungen noch einmal:
Livre, S. 34/4, S. 35/5, S. 35/7, S. 46/1, S. 46/2;
Carnet, S. 18/5, S. 18/6, S. 19/7.

3
1. Yasmina n'a pas 14 ans.
2. Elle n'habite pas à Paris.
3. Elle n'aime pas la natation.
4. Elle n'écoute pas ses CD au collège.
5. Elle ne parle pas arabe.
6. Elle ne va pas souvent au foot avec les garçons.

→ Schau dir noch einmal die „Repères" 9 auf Seite 45 an.
→ Mache folgende Übungen noch einmal:
Livre, S. 38/5, S. 46/3;
Carnet, S. 21/2, S. 22/3.

4
1. Il est au collège / à l'école.
2. Il est à la cantine.
3. Il est au CDI / à la bibliothèque.
4. Il est aux Galeries Lafayette.
5. Il est au cinéma.
6. Il est à la piscine.

→ Schau dir noch einmal die „Repères" 3 auf Seite 44 an.
→ Mache folgende Übungen noch einmal:
Livre, S. 43/8;
Carnet, S. 24/6.

5
1. Les garçons sont grands.
2. Les filles sont brunes.
3. Les copains de Jérémie sont sympa.
4. Sa sœur est différente.
5. Le père de Jérémie est curieux.

→ Schau dir noch einmal die „Repères" 5 auf Seite 45 an.
→ Mache die folgende Übungen noch einmal:
Livre, S. 42/3, S. 42/5;
Carnet, S. 24/5.

6
1. Lila, va dans ta chambre et range tes affaires, s'il te plaît.
2. Nous aimons le foot, mais nous préférons la natation et nous allons à la piscine deux fois par semaine.
3. Les enfants, allez dans votre chambre, s'il vous plaît.
4. Nous rangeons nos chambres et nous allons au ciné.
5. J'aime le foot, mais je préfère le handball.
6. Je vais au collège avec ma copine Sophie.

→ Schau dir die Verbkonjugation in „Les verbes" auf Seite 163 an.
→ Mache die folgenden Übungen noch einmal:
Livre, S. 35/6, S. 35/7, S. 42/7;
Carnet, S. 8/6, S. 19/8, S. 21/1, S. 25/7.

Unité 3, Bilan autocorrectif, page 40

1
1. Il est quelle heure, s'il vous plaît?
2. Le film (le monde de Narnia) passe à quelle heure?
3. Le DVD, c'est combien?
4. Ce n'est pas (trop) cher.
5. Pour aller à la station «Louvre», s'il vous plaît?
6. Comment est-ce qu'on dit «umsteigen» en français?
7. C'est ouvert?

→ Lies die Texte der Unité 3 noch einmal durch und suche nach den in den Lösungen angegebenen Redewendungen.
→ Schreibe dir die Sätze auf und versuche sie auswendig zu lernen.
→ Übe dann noch einmal mit Hilfe der Rubrik „Qu'est-ce qu'on dit" in den „Repères" auf Seite 65.

2
prendre le métro, le métro, la ligne, la station, changer à, la direction

→ Übe dann noch einmal, mit Hilfe der Rubrik „Qu'est-ce qu'on dit" in den „Repères" auf Seite 65.
→ Lies den Unité-Text der Séquence 2 noch einmal durch.
→ Mache die folgenden Übungen noch einmal:
Livre, S. 59/8, S. 60/10;
Carnet, S 36/10.

3 Sur le dessin de gauche, il y a deux bouteilles de coca, mais sur le dessin de droite il y a une bouteille de coca. Sur le dessin de gauche, il y a trois oranges, mais sur le dessin de droite, il y a quatre oranges. Sur le dessin de gauche, il y a un kilo de farine, mais sur le dessin de droite, il y a deux kilos de farine. Sur le dessin de gauche, il y a trois cerises sur le bocal, mais sur le dessin de droite il y a deux cerises. Sur le dessin de gauche, il y a trois biscuits sur le paquet, mais sur le dessin de droite, il y a deux biscuits. Sur le dessin de gauche, les cerises sont sur la gauche, sur le dessin de droite, les cerises sont près de la bouteille de lait. Sur le dessin de gauche, le lait est derrière les œufs, mais sur le dessin de droite, le lait est derrière les œufs, et à coté des cerises.

→ Schau dir noch einmal die „Repères" 2 auf Seite 65 an.
→ Mache die folgenden Übungen noch einmal:
Livre, S. 64/8, S. 68/5;
Carnet, S. 37/3.

4 dix heures et demie, midi quarante-cinq / une heure moins le quart, deux heures et quart /quatorze heures quinze, quinze heures trente-cinq / quatre heures moins le quart, dix-huit heures / six heures

→ Schau dir noch einmal die „Repères" 3 auf Seite 65 an.
→ Mache die folgenden Übungen noch einmal:
Livre, S. 51/1;
Carnet, S. 29/1, S. 29/3.

5

j'achète	je dis	je fais
tu achètes	tu dis	tu fais
il achète	il dit	il fait
nous achetons	nous disons	nous faisons
vous achetez	vous dites	vous faites
ils achètent	ils disent	ils font
j'offre	je peux	je prends
tu offres	tu peux	tu prends
il offre	il peut	il prend
nous offrons	nous pouvons	nous prenons
vous offrez	vous pouvez	vous prenez
ils offrent	ils peuvent	ils prennent

→ Schau dir noch einmal „Les verbes" auf Seite 163–165 an.
→ Mache die folgenden Übungen noch einmal:
Livre, S. 54/4, S. 58/4, S. 63/5, S. 63/6, S. 67/3, S. 68/4;
Carnet, S. 31/3, S. 33/7, S. 34/4, S. 38/6.

6 1. se lève, 2. se douche, 3. se disputent, 4. ne se détestent pas, 5. se prépare

→ Schaue dir noch einmal die „Repères" 5 auf Seite 66 an.
→ Mache die folgenden Übungen noch einmal:
Livre, S. 55/6, S. 55/7;
Carnet, S. 30/2.

7
1. Yasmina dit/trouve que Jonathan est sympa.
2. Camille trouve/dit qu'il dit souvent n'importe quoi.
3. Yasmina pense/dit qu'il a des problèmes à la maison.
4. Camille dit qu'ils se disputent toujours.
5. Yasmina pense/trouve qu'il n'est pas méchant.

→ Schau dir noch einmal die Rubrik „Qu'est-ce qu'on dit" auf Seite 65 an.
→ Schau dir noch einmal die „Repères" 7 auf Seite 66 an.
→ Mache die folgenden Übungen noch einmal:
Livre, S. 56/9;
Carnet, S. 31/3.

8
1. Comment est-ce que vous rentrez?
2. Où est-ce que tu vas?
3. À quelle heure est-ce que tu te lèves?
4. Pourquoi est-ce que tu n'aimes pas l'opéra/___ ?

→ Schau dir die „Repères" 8 auf Seite 66 noch einmal an.
→ Mache die folgenden Übungen noch einmal:
Livre, S. 52/1, S. 54/5;
Carnet, S. 32/4, S. 32/5.

Unité 4, Bilan autocorrectif, page 55

1 le français, l'anglais, l'allemand, les maths, les arts plastiques, la physique-chimie, l'histoire-géograhie-éducation civique, la technologie, l'E.P.S., les S.V.T

→ Lies den Approche Text der Unité 4 noch einmal durch.
→ Lerne die verschiedenen Wörter mit Hilfe der „Liste chronologique des mots" auf Seite 171 deines Schülerbuches.
→ Mache folgende Übung noch einmal:
Livre, S. 73/1;
Carnet, S. 43/1, S. 44/4.

2
1. Quel jour sommes-nous?
2. Nous sommes le 2 avril.
3. Le jeudi, Léo a deux heures de français. C'est sa matière préférée.
4. On pourrait apprendre un poème.

→ Lies die Texte der Unité 4 noch einmal durch.
→ Lerne die verschiedenen Wörter mit Hilfe der „Liste chronologique des mots" auf Seite 171 deines Schülerbuches.
→ Übe dann noch einmal, mit Hilfe der Rubrik „Qu'est-ce qu'on dit" in den „Repères" auf Seite 84.

5. Je suis d'accord, mais il faut d'abord parler du voyage.
6. Mon frère fait du foot et du judo et moi, je fais du ski. Et toi?
7. Je ne fais pas de sport.

→ Mache folgende Übung noch einmal:
Livre, S. 73/1, S. 86/3;
Carnet, S. 43/1, S. 44/2, S. 44/4.

3 qui – qui – qui – où – que – où

→ Schau dir noch einmal die „Repères" 8 auf Seite 85 deines Schülerbuches an.
→ Mache folgende Übung noch einmal:
Livre, S. 75/4, S. 78/4, S. 78/5, 79/7;
Carnet, S. 44/3, S. 46/4, S. 48/4, S. 49/5, S. 49/6.

4
1. Quel est ton nom?
2. Tu as quel âge?
3. Quelle musique est-ce que tu préfères?
4. Quels sports est-ce que tu aimes?
5. Quelles matières est-ce que tu aimes?

→ Schau dir noch einmal die „Repères" 4 auf Seite 84 deines Schülerbuches an.
→ Mache folgende Übung noch einmal:
Livre, S. 83/6;
Carnet, S. 54/7.

5 1. forts, 2. bon, 3. contents, 4. moyennes, 5. amoureux, 6. lourde

→ Schau dir noch einmal die „Repères" 5 auf Seite 85 deines Schülerbuches an.
→ Mache folgende Übung noch einmal:
Livre, S. 76/6, S. 76/7;
Carnet, S. 45/3, S. 46/4.

6 de la, du, du, de la, des, des

→ Schau dir noch einmal die „Repères" 3 auf Seite 84 deines Schülerbuches an.
→ Mache folgende Übung noch einmal:
Livre, S. 75/3, S. 86/3;
Carnet, S. 46/5.

7
a 1. m', 2. t', 3. me , 4. te, 5. t', 6. le

b 1. Tu es où? Je ne te vois pas.
2. Je ne peux pas vous aider.
3. Pourquoi est-ce que tu ne nous attends pas?

→ Schau dir noch einmal die „Repères" 7 auf Seite 85 deines Schülerbuches an.
→ Mache folgende Übung noch einmal:
Livre, S. 82/4, S. 82/5;
Carnet, S. 52/3, S. 52/4, S. 53/5.

Unité 5, Bilan autocorrectif, page 68

1 bleu – court – **grand** – **bon** – moche – intéressant – **jeune** – dernier – magnifique – **beau** – long – dangereux – sale – **joli** – normal – malheureux – **nouveau** – différent – ringard – **petit**

→ Schau dir noch einmal die „Repères" 7 auf Seite 106 deines Schülerbuches an.
→ Mache folgende Übung noch einmal:
Livre, S. 91/2, S. 95/5, S. 104/8;
Carnet, S. 58/1, S. 58/2, S. 61/7, S. 67/3.

2 1. des lunettes,2. une casquette, 3. un jean / un pantalon, 4. des baskets, 5. des bottes, 6. un pull, 7. une chemise, 8. un tee-shirt, 9. des chaussures, 10. une jupe

→ Lies die Texte der Unité 5 noch einmal durch.
→ Lerne die verschiedenen Wörter mit Hilfe der „Liste chronologique des mots" auf Seite 171 deines Schülerbuches.
→ Mache folgende Übung noch einmal:
Livre, S. 91/3, 95/7;
Carnet, S. 58/2, S. 58/4, S. 61/8.

3 1-d, 2-g, 3-b, 4-c, 5-e, 6-a, 7-f

→ Lies die Texte der Unité 5 noch einmal durch.
→ Übe dann noch einmal, mit Hilfe der Rubrik „Qu'est-ce qu'on dit" in den „Repères" auf Seite 105.

4 Ce, cet, cette, ce, cette, ce, ces, ces, ces

→ Schau dir noch einmal die „Repères" 3 auf Seite 105 deines Schülerbuches an.
→ Mache folgende Übung noch einmal:
Livre, S. 94/3, S. 94/4, S. 107/4;
Carnet, S. 59/2, S. 59/3, S. 60/4.

5 Il faut des œufs, de la crème (20 cl), du sucre, et du chocolat noir.

→ Schau dir noch einmal die „Repères" 4 auf Seite 105 deines Schülerbuches an.
→ Mache folgende Übung noch einmal:
Livre, S. 99/5, S. 100/6a, S. 100/7, S. 107/2, S. 108/6;
Carnet, S. 62/3.

6

1. Oui, il en faut 6.
2. Oui, il en faut.
3. Non, il n'en faut pas.

→ Schau dir noch einmal die „Repères" 5 auf Seite 106 deines Schülerbuches an.
→ Mache folgende Übung noch einmal:
Livre, S. 100/6, S. 100/7, S. 107/2;
Carnet, S. 63/5, S. 64/7.

7

1. Mon frère ne comprend pas ce qui est dangereux.
2. Il ne sait pas ce que j'aime et ce que je n'aime pas.
3. Il trouve beau ce que je trouve moche.
4. Il ne sait pas ce qui est beau.
5. Il ne sait pas ce qu'il veut.

→ Schau dir noch einmal die „Repères" 9 auf Seite 106 deines Schülerbuches an.
→ Mache folgende Übung noch einmal:
Livre, S. 103/7;
Carnet, S. 66/2.

Unité 6, Bilan autocorrectif, page 79

1

1. formidable/belle, 2. ont discuté, 3. organiser, 4. raconte, 5. Il y a du monde, 6. une demi-heure

→ Lies die Texte der Unité 6 noch einmal durch.
→ Mache folgende Übung noch einmal:
Livre, S. 111/1, S. 127/5;
Carnet S. 72/3.

2

je cours	je dois	je dors
tu cours	tu dois	tu dors
il/elle/on court	il/elle/on doit	il/elle/on dort
nous courons	nous devons	nous dormons
vous courez	vous devez	vous dormez
ils/elles courent	ils/elles doivent	ils/elles dorment
je descends	je sors	je viens
tu descends	tu sors	tu viens
il/elle/on descend	il/elle/on sort	il/elle/on vient
nous descendons	nous sortons	nous venons
vous descendez	vous sortez	vous venez
ils/elles descendent	ils/elles sortent	ils/elles viennent

→ Schau dir die Verbkonjugation in „Les verbes", Seite 163 an.
→ Mache folgende Übung noch einmal:
Livre, S. 112/3;
Carnet S. 70/1, S. 70/2, S. 70/3, S. 75/5.

3

-é	*-du*	*-i*	*irrégulier*
allé	attendu	parti	eu
été	descendu	dormi	couru
entré	perdu	sorti	dit
imprimé			appris
			fait

→ Schau dir noch einmal die „Repères" 4 auf Seite 125 deines Schülerbuches an.
→ Mache folgende Übung noch einmal:
Livre, S. 114/4, S. 115/5, S. 118/4, S. 118/5, S. 122/4, S. 126/1;
Carnet S. 72/4, S. 76/2.

4

sont arrivés, est allé(s), a vu, a discuté, suis rentrée, ai fait, ai lu, ai téléphoné, ai dû, a préparé, suis allée, ai dormi.

→ Schau dir noch einmal die „Repères" 4 auf Seite 125 deines Schülerbuches an.
→ Mache folgende Übung noch einmal:
Livre, S. 114/2, S. 114/4, S. 118/4, S. 118/5, S. 122/4, S. 126/1, S. 126/2;
Carnet S. 72/4, S. 76/2, S. 76/3, S. 77/5.

5

1. J'ai mangé trop de chocolat, mais je n'ai pas été malade.
2. Mon copain est venu chez moi, mais nous ne sommes pas sortis.
3. J'ai regardé un film d'horreur à la télé et après je n'ai pas pu dormir.

→ Schau dir noch einmal die „Repères" 5 auf Seite 125 deines Schülerbuches an.
→ Mache folgende Übung noch einmal:
Livre, S. 115/5, S. 126/1;
Carnet S. 73/5.

6

1. Quentin et son ami Paul ont fait connaissance il y a un an à une course.
2. Ce jour-là, Quentin a tendu sa main à Paul quand il est tombé.
3. Paul est devenu pâle.
4. Quentin a demandé : «Tu as mal où?»
5. Paul a répondu: «J'ai mal aux jambes et aux mains.»

→ Lies die Texte der Unité 6 noch einmal durch.
→ Übe dann noch einmal, mit Hilfe der Rubrik „Qu'est-ce qu'on dit" in den „Repères" auf Seite 124.
→ Mache folgende Übung noch einmal:
Livre, S. 118/5, S. 128/6;
Carnet, S. 74/3.